马克思主义学生读本

什么是和谐社会?

丛书主编：韩喜平

本书著者：马　超

编　委　会：韩喜平　邵彦敏　吴宏政
　　　　　　王为全　罗克全　张中国
　　　　　　王　颖　石　英　里光年

U0782658

吉林出版集团股份有限公司

图书在版编目（CIP）数据

什么是和谐社会？ / 马超著. -- 长春：吉林出版集团股份有限公司，2012.12（2021.2重印）
（马克思主义学生读本）

ISBN 978-7-5534-1162-0

Ⅰ.①什… Ⅱ.①马… Ⅲ.①社会主义建设模式—中国—青年读物②社会主义建设模式—中国—少年读物Ⅳ.①D616-49

中国版本图书馆CIP数据核字(2012)第291572号

什么是和谐社会？
SHENME SHI HEXIE SHEHUI?

丛书主编： 韩喜平
本书著者： 马　超
项目策划： 范中华　徐树武
责任编辑： 宫志伟
出　　版： 吉林出版集团股份有限公司
发　　行： 吉林出版集团社科图书有限公司
电　　话： 0431-81629720
印　　刷： 永清县晔盛亚胶印有限公司
开　　本： 710mm×960mm　1/16
字　　数： 100千字
印　　张： 12
版　　次： 2012年12月第1版
印　　次： 2021年2月第4次印刷
书　　号： ISBN 978-7-5534-1162-0
定　　价： 36.00元

如发现印装质量问题，影响阅读，请与出版方联系调换。

序　言

习近平总书记指出，青年最富有朝气、最富有梦想，青年兴则国家兴，青年强则国家强。青年是民族的未来，"中国梦"是我们的，更是青年一代的，实现中华民族伟大复兴的"中国梦"需要依靠广大青年的不断努力。

要提高青年人的理论素养。理论是科学化、系统化、观念化的复杂知识体系，也是认识问题、分析问题、解决问题的思想方法和工作方法。青年正处于世界观、方法论形成的关键时期，特别是在知识爆炸、文化快餐消费盛行的今天，如果能够静下心来学习一点理论知识，对于提高他们分析问题、辨别是非的能力有着很大的帮助。

要提高青年人的政治理论素养。青年是祖国的未来，是社会主义的建设者和接班人。党的十八大报告指出，回首近代以来中国波澜壮阔的历史，展望中华民族充满希望的未来，我们得出一个坚定的结论——实现中华民族伟大复兴，必须坚定不移地走中国特色社会主义道路。要建立青年人对中国特色社会主义的道路自信、理论自信、制度自信，就必须要对他们进行马克思主义理论教育，特别是中国特色社会主义理论体系教育。

要提高青年人的创新能力。创新是推动民族进步和社会发展的不竭动力，培养青年人的创新能力是全社会的重要职责。但创新从来都是继承与发展的统一，它需要知识的积淀，需要理论素养的提升。马克思主义理论是人类社会最为重大的理论创新，系统地学习马克思主义理论有助于青年人创新能力的提升。

要培养青年人的远大志向。"一个民族只有拥有那些关注天空的人，这个民族才有希望。如果一个民族只是关心眼下脚下的事情，这个民族是没有未来的。"马克思主义是关注人类自由与解放的理论，是胸怀世界、关注人类的理论，青年人志存高远，奋发有为，应该学会用马克思主义理论武装自己，胸怀世界，关注人类。

正是基于以上几点考虑，我们编写了这套《马克思主义学生读本》系列丛书，以便更全面地展示马克思主义理论基础知识。希望青年朋友们通过学习，能够切实收到成效。

韩喜平

2013年8月

目　　录

引　言 / 001

第一章　"和谐社会"从何而来 / 004

第一节　我国和谐思想的起源 / 005

第二节　听孔子、孟子、墨子讲和谐 / 006

第三节　古代大同社会的美好理想 / 011

第四节　我国古代的"治世""盛世" / 012

第二章　"和谐社会"美好图景的提出 / 016

第一节　马克思、恩格斯眼中的"和谐社会" / 016

第二节　国家领导人所追求的"和谐社会" / 020

第三节　胡锦涛同志提出的"社会主义和谐社会" / 023

第三章　社会主义和谐社会的小常识 / 026

第一节　社会主义和谐社会的基本内容 / 026

第二节　社会主义和谐社会的基本特征 / 028

第四章　社会主义和谐社会中的以人为本 / 033

第一节　认识以人为本 / 033

第二节　以人为本与和谐社会的关系 / 039

第三节　以人为本是当前社会发展的当务之急 / 040

第五章　什么样的政治是和谐的 / 046

第一节　你知道"政治和谐"吗 / 046

第二节　我国政治发展中的小问题 / 048

第三节　推进社会主义政治和谐发展的方法 / 048

第六章　什么样的经济是和谐的 / 062

第一节　你知道"经济和谐"吗 / 062

第二节　我国经济发展中的小问题 / 063

第三节　推进社会主义经济和谐发展的方法 / 064

第七章　什么样的文化是和谐的 / 074

第一节　你知道"文化和谐"吗 / 074

第二节　我国文化发展中的小问题 / 075

第三节　推进社会主义文化和谐发展的方法 / 076

第八章　什么样的社会是和谐的 / 089

第一节　你知道"社会和谐"吗 / 089

第二节　我国社会建设中的小矛盾 / 090

第三节　推进社会主义社会和谐建设的方法 / 093

第九章　什么样的生态环境是和谐的 / 110

第一节　你知道"生态和谐"吗 / 110

第二节　我国生态环境受到的小破坏 / 111

第三节　推进社会主义生态和谐发展的方法 / 116

第十章　构建社会主义和谐社会的重要意义 / 125

第一节　构建社会主义和谐社会的理论意义 / 125

第二节　构建社会主义和谐社会的实践意义 / 129

知识链接 / 131

引　言

　　和谐是数千年来人类最珍贵的价值，也是最完美的境界；和谐社会是人类孜孜以求的美好社会，也是中国共产党不懈追求的理想社会。进入21世纪后，中国共产党在十六大、十六届三中全会上，从全面建设小康社会和中国特色社会主义事业的角度出发，对建设和谐社会进行了深入的探索，并在十六届四中全会上，明确提出了构建社会主义和谐社会的战略任务。一时间，党内外、国内外对此产生了强烈的反响，"和谐"旋律响彻神州大地，"和谐"传遍大江南北。全国掀起了构建社会主义和谐社会的思想浪潮。"什么是和谐社会"也成为了社会各阶层、各领域、各民族人民的共同话题。

　　一般来讲，和谐社会就是人与自然、人与社会、人与人之间和谐统一与协调发展的社会，就是生产力和生产关系、经济基础和上层建筑之间和谐统一与协调发展的社会。人类社会是在生产力和生产关系、经济基础与上层建筑的矛盾统一中发展的，也是在和谐与不和谐的矛盾统一中发展的。

2005年2月，胡锦涛同志在中央党校省部级干部提高社会主义和谐社会能力专题研讨班上发表的重要讲话中指出，我们所要构建的社会主义和谐社会，应该是民主法治、公平正义、诚信友爱、充满活力、安定有序、人与自然和谐相处的社会。这六方面包括了社会关系的和谐、人与自然关系的和谐，体现了民主与法治的统一、公平与正义的统一、活力与秩序的统一、科学与人文的统一、人与自然的统一。这六个方面的内容十分丰富，既是社会主义和谐社会的科学内涵和总体特征，也是我们构建社会主义和谐社会的总体要求和美好蓝图。为了使社会主义和谐社会更能够深入人心，使社会主义和谐社会建设得更好，我们党在十六届六中全会上进一步提出了到2020年构建社会主义和谐社会的八大目标和主要任务。这八大目标和主要任务突出强调了"社会主义民主法制更加完善""人民的权益得到切实尊重和保障""家庭财产普遍增加""全社会创造活力显著增强""社会就业比较充分""基本公共服务体系更加完善""良好道德风尚、和谐人际关系进一步形成""社会管理体系更加完善"等极具可操作性的内容，由此为构建社会主义和谐社会的理论体系和具体实践奠定了重要的发展基础。

同时，社会主义和谐社会的具体任务和伟大理想的实现，具体表现出来就是要社会主义政治和谐、经济和谐、文化和谐、社会和谐和生态和谐，这就要求必须不断推进社会主义政治建设、经济建设、文化建设、社会建设和生态建设，只有这样我们才能解决前进道路上遇到的各种情况和问题，才能构建社会主义和谐社会，才能在十八大精神的指引下，实现中华民族的伟大复兴。

第一章 "和谐社会"从何而来

"和谐"与"和谐社会"的思想,是中国传统文化中的优秀思想文化遗产。在中国古代的典籍中,"和"与"和谐"是被应用到天、地、人的各种关系中,应用到国家政治、经济、文化、社会中最为普遍的字眼,它们表示的是一种内外协调、上下有序的状态。"和谐社会"的思想,则反映了古代先民们对美好生活的追求和向往。孟子就描绘了"老吾老以及人之老,幼吾幼以及人之幼"的社会状态;太平天国运动领袖洪秀全更是提出要建立"有田同耕,有饭同食,有衣同穿,有钱同使,无处不均匀,无人不饱暖"的理想社会;康有为也在《大同书》中提出建立一个"人人相亲,人人平等,天下为公"的理想社会,等等。实现社会和谐,建设美好社会,始终是人类孜孜以求的社会理想。在我国,关于和谐社会的理想和主张源远流长,建立社会主义和谐社会具有深厚的文化底蕴和历史渊源。

第一节　我国和谐思想的起源

　　"和谐"思想早在西周末期就已经出现了，最早出现在《国语·郑语》一书中的"和同"论当中，距今已有2800年的历史。据传，西周最后一代君王，即周幽王在位时，有一天，郑桓公问周太史伯："周朝是否很快就衰亡了？"周太史伯是一个博学多才又忧心国事的忠臣，他在回答郑桓公的问题时就提出了他的"和、同"理论，他对周朝的必然衰亡作出解释说："和生万物，同则不继（和谐能生万物，相同就不能再生存发展了），若以同裨同，尽乃弃矣（若将两个完全相同的东西凑合在一起，那就不会有生存变化了）。"他还举例子说，只有单一的声音不会产生美妙的音乐，只有单一的味道就不会做出甜美的食物。相反，乐师要融合不同的音乐元素，协调不同特色的声音，才能创造出美妙的音乐；厨师做羹要用各种不同的味来调制，才能得到美味；君主治理国家也是一个道理，制定一项决策，发布一项命令，要善于听取多方面不同的意见，正面的意见要听，反面的意见也要听，这样才能相互补充，拾遗补缺，才能使决策或命令更加完善、更加合理，君臣之间才能在更高的水平上达到和谐的状态。总之，万物之所以能生长发育，欣欣向荣，正是水、木、金、火、土这五种不同元素协和配置的结果。我们在考察烹调食物、人体健康、身体结构、音乐、婚嫁、国家财政收入、选拔官吏等事物时，"和生万物，同则不继"是个很重要的参考。

第二节　听孔子、孟子、墨子讲和谐

儒家历来十分重视"和"，以和谐为价值追求目标是儒家文化的基本精神。儒家关于"和"的基本思想有：以和为贵、和而不同、以仁求和、天人合一等。

一、以和为贵

在中国古代，儒家以"和"为最高的价值，提出"以和为贵"的思想。"和为贵"出自儒家学派的一本著作《论语》之中，孔子是儒家学派的创始人，是我国古代著名的文学家、思想家、教育家，他在教育他的弟子时说："礼之用，和为贵。先王之道，斯为美。小大由之，有所不行。知和而和，不以礼节之，亦不可行也。"这句话的意思是：礼的应用，以和谐为贵。古代君主的治国方法，最宝贵的地方就在这里。但不论大事小事只顾按和谐的办法去做，有的时候就行不通。因为若只为和谐而和谐，不以礼来节制和谐，也是不可行的。这里的"和"，就是"适合""和谐"的意思。"和为贵"这一价值原则，强调确立一切事物，无论大小，都要以"和"为出发点和归宿。孟子也是儒家学派的重要代表人物之一，继承了孔子的思想，提出了"人和"理论。他说"天时不如地利，地利不如人和"。就是说：有利于作战的时机比不上有利于作战的地理条件，有利于作战的地理条件比不上人心团结、和谐。此处的"人和"与孔子"和"的意思是完全一致的。可见，"和"的思想是先秦儒家的共识。

二、和而不同

"和而不同"是儒家学派提出的又一和谐思想。《论语·子路》中记载，孔子曾经说过："君子和而不同，小人同而不和。"所谓"和而不同"，就是君子在人际交往中能够与他人保持一种和谐友善的关系，但在对具体问题的看法上却不必一定要与对方相同；所谓"同而不和"则是指小人习惯于迎合别人的心理、附和别人的言论，但在内心深处却并不抱有一种和谐友善的态度。显然，"同而不和"不可能导致真正的和谐，只有"和而不同"才是正确的致和之道。能不能做到这一点，是衡量一个人道德修养高低的一个重要标准。"和同"论就是要告诉我们，要在承认不同的基础上形成"和"，这样才能使事物得到发展；如果只有纯粹的相同，而没有不同或差别，事物就很难继续发展，甚至会衰败。"和而不同"的理念，说明和谐不是毫无差别的完全相同，而是多样性的统一，对于构建社会主义和谐社会具有一定的启发作用。

三、以仁求和

儒家在人际关系上，强调和谐有序，主张建立一个充满仁爱、道德、礼貌、规范的和谐社会。孔子对"仁"作了许多的解释，如"仁者爱人"——他希望所有的人都以爱人之心来对待一切人和事，建立和谐的社会人际关系。儒家认为，尊重他人是处理人际关系的出发点，每个人都应该遵守这样的道德准则，"己欲立而立人，己欲达而达人""己所不欲，勿施于人"说的就是这个道理。如果一个人想要自己站得住也要使他人站得住，自己想要事事行得通也应使他人事事行得通。而且，自己不愿意做的事，不愿意承担的责任，不要强加于他人。一个人如果能够做到推己及人，将心比心，就会爱己及人了。因此"仁者爱人"乃是社会稳定、人际和谐的道德基础。

四、天人合一

在人与自然的关系上，儒家认同的是天人和谐的观念，提倡"天人合一"。孔子强调，人在天命面前不是被动的。孟子则把天和人的心性联系起来，以人性为中介将天和人沟通和统一起来。孟子主张，对自然资源的开发和利用，必须遵循自然规律，尊敬天地，禁止贪欲，勤俭节约，做到不过度开发自然资源，不滥用自然资源，就可保证生产和生活的持续，从而人们才能安居乐业，国家才能和谐安定。董仲舒是汉代儒家学派的代表人物，是著名的思想家、哲学家、教育家。他说，天地犹如父母，人和万物都是天地所生，人与万物都是由气构成的，气的本性是人与万物的本性，人民都是我的兄弟，万物都是我的朋友。这充分肯定了人与自然界的统一。所谓天人合一，是指人与自然界既有区别，又有统一的关系，认识自然所产生的，是自然界的一部分，人可以认识自然并加以调整，但是绝不能破坏自然，否则会受到大自然的惩罚，出现当前社会的环境恶化、生态失衡的现象。

　　与儒家不同，道家关注的侧重点是人和自然的关系，主张人与自然的和谐统一，人与自然的和谐适应，也就是老子的"道法自然"思想。老子是道家学派的创始人，他说："人法地，地法天，天法道，道法自然"，强调人要以尊重自然规律为最高准则，人必须服从自然规律，也应当从情感上尊重自然、热爱自然。如果自然受到损伤，也意味着我们人类自身的损伤毁坏。这种对待自然的态度正是日益受到全世界重视的"生态智慧"，对于当今人类保护环境的主题思想和走可持续发展之路，无疑具有重要的参考意义和广泛的应用价值，人与自然的和谐为和谐社会提供了理想的生存空间。老子设想的和谐社会是"小国寡民"，人应该是没有任何印记的自然人，切断那些复杂、纷乱的社会交往关系，让人们像植物一样固守在自己的田园里，这才是老子所向往的和谐社会。和谐社会是人与自然的统一，是人对自然的顺从，他强调天的作用，反对人对自然有所作为，这种消极等待，无所作为，屈从环境的一面，不利于现代和谐社会的建立。但是从另一个角度看，它也为我们构建和谐社会，处理好人与自然的关系，把大自然对人类的报复减小到最低限度，提供了一定的借鉴。

墨子，名翟，春秋末战国初期宋国人，是战国时期著名的思想家、教育家、科学家、军事家、社会活动家，墨家学派的创始人。墨子生活在一个诸侯国之间相互征伐的年代，年年的战乱使得社会生产遭到严重破坏，人民生活不得安宁。墨子看到百姓们备受艰苦，没有饭吃，没有衣穿，十分伤心，于是他提出了"求兴天下之利，除天下之害"的政治主张。墨家学说中有着比较完整的对于未来理想社会的描述，其构思的被称为"尚同"的理想社会，主要包括以下几项原则：一是赏贤使能，天下为公；二是人人劳动，各尽其能；三是兼爱非攻，没有战争。在墨子看来，贤良之士是有崇高道德的仁人，是有学识、能善辩的智者，是国家的瑰宝和社稷的栋梁。只有贤能之士占据政治最高的地位，以"兼相爱"的理论为工具，来统一全社会的思想舆论，才能达到生产者安心生产、社会安定的目的。墨子的政治主张，是很有借鉴意义的。

第三节　古代大同社会的美好理想

早在2000多年以前，我国就有了关于"大同"社会的美好理想。儒家大同社会理想最早是在《礼记·礼运》篇中提出来的。《礼运》中描绘的大同社会是一幅和谐的美丽图画。在大同社会里，人与人之间重诚信，讲仁爱，求友善，修和睦，选贤能，富庶安康，形成财产公有、共同努力、舍弃自我、人人平等、安宁、祥顺的社会风气，构建了一个路不拾遗、夜不闭户，没有阴谋和奸诈，没有战争和流血的理想社会。古代的大同社会虽然是小生产的农业社会，但是由于财产公有，社会关系可以靠伦理道德规范来维系，因而可以达到和谐。根据《礼记·礼运篇》的这段描述，古代人理想中的"大同社会"具有这样一些特点：一是全民公有的社会制度，包括权力公有和财物公有，也就是所说的"天下为公"；二是选贤与能的管理体制，从中央到地方的事务都由民众选举贤能之士负责管理；三是讲信修睦的人际关系，人人是社会的一员，衣食有着，地位平等，无胁迫的可能，无依附的必要；四是人得其所的社会保障，在大同社会里人人敬老，人人爱幼，无处不均匀，无人不饱暖；五是人人为公的社会道德，人们有高度的责任感，对社会财富十分珍惜，憎恨一切浪费现象，也反对任何自私的行为。

大同社会的设计和构想，始终是历代思想家憧憬不已的社会最终目标。从陶渊明的"世外桃源"、洪秀全的"太平天国"到康有为的"大同"追求、孙中山的"天下为公",直至我们今天所倡导的"全面建设小康社会、构建社会主义和谐社会",都是这种社会理想观念的影响印迹。不仅先秦诸子百家所仰慕的"三代"是"天下大同"的和谐社会,就是秦始皇统一中国以后,在漫长的封建社会发展过程中,历朝历代的"治世""盛世"也都可以说是和谐社会,或者更准确的用语则是"传统的和谐社会"。虽然我们构建的社会主义和谐社会与古代所讲的大同社会有着本质的差别,但是,从思想史的角度来看,我国古代诸多的和谐社会思想,不乏值得今天我们切实重视和甄别借鉴的内容。

第四节　我国古代的"治世""盛世"

纵观我国历史上若干强盛王朝,即史称的"治世""盛世",他们强盛的主要标志就是国富兵强、民丰物阜、安定统一、社会和谐。

一、文景之治

西汉初年,经济萧条,到处都是一片荒凉的景象。汉高祖及其后的汉文帝、汉景帝等,吸取秦灭的教训,实行轻徭薄赋,减轻人民负担;鼓励生产,发展经济,扩大税基,增加政府财政收入；厉行节约，禁止浪费；通过"贵粟"政策，提高农民收入；实行集权与分权相结合的管理体制，逐步加强中央集权……从而使得文景时期社会比较安定，经济得到发展，出现了中国历史上第一个"盛世"，史称"文景之治"。

二、贞观之治

贞观之治发生在公元627年至公元649年，是指唐初贞观时期出现的社会太平的盛世，这是唐朝的第一个盛世，并为后来的开元盛世奠定了较好的基础。唐太宗是中国历史上的一代英主，他的治绩一直为后世所传颂。唐太宗因亲眼目睹了大隋的兴亡，所以常用隋炀帝作为反面教材，来警诫自己及下属。他像孟子一样，把人民和君主的关系比作水与舟，认识到"水能载舟，亦能覆舟"，因此留心吏治，选贤任能，从谏如流，魏征、尉迟恭等都受到重用。太宗鼓励臣下直谏，魏征前后谏事二百余件，直陈其过，太宗多克己接纳，或择善而从。魏征死后，太宗伤心地说："夫以铜为镜，可以正衣冠；以古为镜，可以知兴替；以人为镜，可以明得失。魏征逝，朕亡一镜矣。"同时，太宗在经济上特别关注农业生产，实行均田制与租庸调制，"去奢省费，轻徭薄赋"，使人民衣食有余，安居乐业。在文化方面，则大力奖励学术，组织文士大修诸经正义和史籍；在长安设国子监，鼓励四方君长遣子弟来留学。此外，太宗又屡次对外用兵，经略四方，平东突厥、征高句丽等，使唐之国威远播四方。太宗则被西北诸国尊为"天可汗"，成为当时东方世界的国际盟主。总之，在太宗执政的贞观年间，在君臣的共同努力之下，出现了一个政治清明、经济发展、社会安定、武功兴盛的治世，史称"贞观之治"。

三、开元盛世

开元是唐玄宗统治前期的年号，这段时期唐王朝国势鼎盛，史称"开元盛世"。唐朝自武则天退位后，政局极不稳定。武氏诸王相互争夺政权，朝廷大臣相互排挤，接连发生政变。开元元年（公元713年），玄宗以先发制人的手段消灭了政敌太平公主一伙，才结束了这种混乱局面。此后，为了稳定政局，玄宗采取了许多改良措施，先从经济改革入手，打击豪门士族，争夺土地劳力，大力发展农业，改革实封制度，减轻人民负担，而且玄宗先后启用姚崇、张九龄等人，虚怀纳谏，改革科举制度，制定官吏的迁调制度，提高官吏整体的素质。正是由于唐玄宗采取的一系列积极的政治经济改革措施，唐王朝才在各方面达到了极高的水平，国力空前强盛。

四、康乾盛世

康乾盛世是中国封建社会的最后一个治世，它包括清朝的康熙、雍正、乾隆三代。康乾盛世从康熙帝平定三藩之乱时起，到嘉庆元年，白莲教起义爆发时止，是清朝统治的最高峰。清朝初期，内有三藩、台湾、准部之忧，外有俄罗斯之患。但康熙帝平定三藩之乱、剿灭葛尔丹、收复台湾；雍正帝设军机处，加强中央集权，使用年羹尧等贤臣治理国家，发展农业，重视生产，实行"改土归流"，加强对少数民族的控制和管理；乾隆帝安定西藏，攻占新疆，兴修水利，开荒种田，整顿吏治。同时，三位帝王相继施行了一系列的缓和阶级矛盾和民族矛盾、维护统一多民族国家的政治、经济的措施，才保证了在相当长的一段时间内社会安定，劳动人民得以安心生产，从而使社会经济从明末清初战争的疮痍中恢复过来，并迅速发展，从而得以出现中国历史上的又一个盛世局面。

第二章 "和谐社会"美好图景的提出

第一节 马克思、恩格斯眼中的"和谐社会"

马克思主义创始人马克思、恩格斯在继承前人思想成果的基础上，创立了科学社会主义理论，这一理论包含了对未来社会的科学构想，勾画了未来美好社会的蓝图，这幅蓝图蕴含着丰富的社会和谐思想。

一、和谐社会是对资本主义不和谐的批判

马克思、恩格斯都是德国人，他们生活在西方资本主义社会里，他们生存的社会是片面发展和严重失调的社会——人们地位不平等、贫富差距很大，而且工人和商人之间存在着尖锐的对抗，社会的发展都是以牺牲工人阶级和其他劳动人民的利益为代

价的。马克思、恩格斯深刻感受到广大工人阶级和劳动人民的疾苦，便在批判资本主义不和谐的同时，通过对人类社会发展规律的分析，提出了只有用共产主义代替资本主义，才能真正实现社会和谐。这是因为：人类社会是由低级向高级发展的，是由不和谐向和谐发展的。资本主义社会作为人类社会发展进程中的一个阶段，它还不是高级的阶段，还存在着许多不和谐的东西，这给社会造成了极度的不和谐。要改变这种状况，就必然要求用社会主义制度来代替资本主义制度。"社会主义的本质，是解放生产力，发展生产力，消灭剥削，消除两极分化，最终达到共同富裕。"尽管社会主义制度由不完善到比较完善要经历一个长期的过程，但毫无疑问，这一制度已经显示出了它的优越性，表现出了强大的生命力。今天，我们为共产主义理想而奋斗，在某种意义上，就是在为争取社会和谐而奋斗。

二、和谐社会是人与人、人与自然、人与社会的和谐统一

马克思、恩格斯认为和谐社会是人与人、人与自然、人与社会的和谐统一。他们认为"每个人的自由发展是一切人自由发展的条件"，就是说，每个人的发展不仅不妨碍他人的发展，而且是他人发展的条件，这就从根本上回答了人与人之间是一种和谐的关系。在马克思的论述里，人与自然是一对和谐的关系实体。

一方面，人在人与自然的关系中占主体地位，人类在不断地与自然界进行物质、能量、信息交换的过程中，改造了自然，也创造了自然；另一方面，在人确定了自身在人与自然关系中的主体地位的同时，却不能否认自然对于人的"优先地位"，因为"人是自然界的一部分"，并且"人靠自然界生活"。马克思指出："社会是人同自然界的完成了的本质的统一。"为此，马克思、恩格斯提出了人与社会和谐统一的思想。他们认为，人和社会是不可分的，人是社会的主体，社会是人的存在方式和存在形态。人的发展与社会发展也应该是和谐统一的。人的发展与社会发展是同一个过程的两个层面，同时与社会的全面可持续发展又是相互促进的。社会发展与人的全面发展的和谐一致是马克思、恩格斯关于未来和谐社会的重要思想，也是马克思主义追求的价值目标。

三、和谐社会是指生产力与生产关系、经济基础与上层建筑相适应，经济和社会协调发展

马克思、恩格斯认为，人类社会是在生产力与生产关系、经济基础与上层建筑的矛盾运动中不断发展的。生产力与生产关系、经济基础与上层建筑相互制约、相互作用。生产力的发展状况决定生产关系的性质和发展变化，生产关系对生产力具有反作用；经济基础的发展状况决定上层建筑的性质和发展变化，上层

建筑对经济基础具有反作用。生产关系一定要适合生产力发展状况、上层建筑一定要适合经济基础发展状况，这一规律是人类社会发展的基本规律。这种适合、匹配就是一种和谐。但是，这种和谐不是绝对的、永恒不变的，随着生产力的发展和经济基础的变迁，又会由适应变为不适应，由和谐变为不和谐，其矛盾通过自身的调整来解决。马克思、恩格斯关于未来理想社会还蕴含了经济和社会协调发展的思想。他们认为，人的全面而自由的发展，有赖于经济和社会的协调发展，只有在生产力不断发展和高度发达的基础上实现了经济和社会的全面协调发展，才有可能实现每个人的全面而自由的发展。

四、和谐社会是人的全面而自由的发展

在《共产党宣言》中，马克思和恩格斯第一次向全世界宣告了共产主义的伟大理想："代替那存在着阶级和阶级对立的资产阶级旧社会的，将是这样一个联合体，在那里，每个人的自由发展是一切人的自由发展的条件。"这里所说的"每个人的自由发展"，主要是指人的各种能力和潜能充分发挥，人的多样性需求不断得到满足，人的社会关系日益丰富，人与自然和谐共生，人的自由个性充分发挥。未来和谐社会的核心就是在自由人的联合体中实现人的全面和自由发展。这里的"人"既是指社会中的每个人，也是指社会全体成员。所谓"自由"，主要是指人们将摆

脱那种终身固定于某种职业分工、使人的才能受到束缚抑制的桎梏，每个人都可以结合社会的需要和自己的兴趣、特长，自由地选择和变换工作，全面地发挥自身的能力，既为社会做出最大的贡献，又使自己成为真正全面发展的新人。所谓"全面"，主要是指人的各项素质和能力的全面养成和提高。他们所说的人的自由全面发展包括两层含义：个人的全面发展与人类整体的全面发展的和谐统一；人的全面发展与人的自由发展的和谐统一。在马克思、恩格斯看来，人的自由全面发展的实现，就是人自身的和谐发展。人自身的和谐发展是个理想目标，是人的充分发展、最大限度的发展，是人发展的一种最理想的状态。完全达到这个状态需要经过一个不断提高、不断完善的渐进过程。只有实现共产主义，为人的发展创造充分必要的条件，才能真正实现人的自由全面发展。

马克思、恩格斯关于和谐社会的构想，无疑为后来共产主义者探索和谐社会指明了方向，对于今天我们建设社会主义和谐社会具有重要的理论价值。

第二节　国家领导人所追求的"和谐社会"

中国共产党为改造中国，实现社会主义社会的和谐与发展，进行了不懈的奋斗和艰辛的探索。以毛泽东同志为核心的第一代中央领导集体，正确地把握了中国革命的历史命运和世界历史发展的大趋势，对中国社会的发展道路作出了正确的选择。我们伟大的领袖毛主席，在1956年党的八大召开之前的一段时间里，发表了两篇文章——《论十大关系》《关于正确处理人民内部矛盾的问题》，并且制定了八大路线。他带领我们中国人民走出了一条马克思主义中国化的道路，在政治、经济、文化、建设等方面提出了许多新思路、新方针和新政策。毛主席带领我们走的这条路，是不同于前苏联模式，具有中国特色的发展道路。他明确指出，要学会用民主的方法解决人民内部矛盾，用百花齐放、百家争鸣的方针解决科学文化领域里的矛盾，中国共产党要与各民主党派坚持长期共存、互相监督的方针，用统筹兼顾、适当安排的方针处理国家、集体、个人三者之间的关系等。总之，毛主席的目标就是要建立一个"又有集中又有民主、又有纪律又有自由，又有统一意志，又让个人心情舒畅、生动活泼，那样一种政治局面，以利于社会主义革命和社会主义建设，较易于克服困难，较快地建设我国的现代工业和现代农业，党和国家较为巩固，较为能够经受风险"。毛主席关于社会主义建设的正确思想，对于我们正确理解和谐社会具有重要的指导意义。

以邓小平同志为核心的第二代中央领导集体，结合改革开放的实际情况，对中国社会主义的建设作出了科学的判断。邓小平同志认为，社会主义的本质是解放生产力，发展生产力，消灭剥削，消除两极分化，最终达到共同富裕；贫穷不是社会主义，社会主义要消灭贫穷，提高人民的生活水平；社会主义发展生产力，劳动成果属于人民；物质文明和精神文明，要两手抓，两手都要硬；没有安定团结的政治环境，就没有稳定的社会秩序，什么事业都干不成。另外，邓小平同志还提出要高度重视人的全面发展，提出要培养有理想、有道德、有文化、有纪律的社会主义"四有"新人。邓小平同志认为，有中国特色的社会主义社会，是全面发展、全面进步的社会，是从传统的计划经济转向社会主义市场经济的制度创新的社会，是物质文明和精神文明协调发展的社会，是高度民主、健全法制与经济、文化相适应的社会，是人类与自然界协调发展的社会。

以江泽民同志为核心的第三代中央领导集体，学习和继承了毛泽东同志和邓小平同志两代中央领导集体的先进思想。以江泽民同志为核心的第三代中央领导集体又进一步丰富了人们对于社会主义和谐社会的认识。江主席认为，各项社会事业健康发展，社会才能更加和谐；全体人民各尽其能、各得其所，社会才能更加和谐；不断改善人民生活，处理好改革发展稳定的关系，社会才能更加和谐；正确处理和反映不同方面群众的利益，使全体人民朝着富裕的方向稳步发展，社会才能更加和谐。以江泽民同志为核心的第三代中央领导集体，在党的十三届四中全会以后，高举邓小平理论伟大旗帜，坚持解放思想，实事求是，与时俱进，在不断总结实践经验的基础上，创造性地提出了一系列的新思想、新观点和新论断，极大丰富和发展了中国共产党对于社会主义和谐社会的认识。

第三节　胡锦涛同志提出的"社会主义和谐社会"

胡锦涛同志在党的十六届六中全会第二次全体会议的讲话中指出：我们对于构建社会主义和谐社会的认识和实践，是一个不断探索、不断深化的过程。2002年11月，党的十六大报告在阐述全面建设小康社会的目标时，提出了实现社会更加和谐的要求。党的十六大以来，我们根据国际和国内的形势变化，全面分析我国发展面临的机遇和挑战，深化对社会和谐在中国特色社会主义事业中的重要地位和重要作用的认识。2004年9月，党的十六届四中全会明确提出了构建社会主义和谐社会的重大战略任务，把提高构建社会主义和谐社会的能力确定为加强党的执政能力建设的重要内容，并提出了构建社会主义和谐社会的基本要求。2005年2月，我们提出了构建民主法治、公平正义、诚信友爱、充满活力、安定有序、人与自然和谐相处的社会主义和谐社会的总目标。2005年10月，党的十六届五中全会把构建社会主义和谐社会确定为贯彻落实科学发展观必须抓好的一项重大任务，并提出了工作要求和政策措施。

2006年10月，党的十六届六中全会专题研究构建社会主义和谐社会问题，通过了《中共中央关于构建社会主义和谐社会若干重大问题的决定》（以下简称《决定》）。十六届六中全会是中国共产党历史上第一个以研究社会主义社会建设为主题的中央全会，标志着党中央构建社会主义和谐社会重大战略思想的成熟，以及我国构建社会主义和谐社会的实践进入了新的历史阶段。

在十八大报告中，社会主义核心价值观的三个倡导中，其中之一即是富强、民主、文明、和谐，"和谐"被列为社会主义核心价值观首次在党的报告中出现。

在人类发展的历史上，执政党明确提出构建和谐社会的目标是没有先例的。构建社会主义和谐社会，是以胡锦涛同志为核心的第四代党中央领导集体基于当代中国社会主义建设的丰富实践，着眼于我国的改革发展，国家的长治久安，适应我国社会的深刻变化，借鉴国外一些政党在社会整合方面的经验教训，高瞻远瞩，审时度势，顺应民意提出的一个新的重要战略思想。构建社会主义和谐社会，也是以科学发展观为指导，对社会主义现代化建设总体布局的进一步完善，对于我们党提高执政能力、巩固执政地位，完成执政使命，具有重大的战略意义。

我们党是如何认识"社会主义和谐社会"的内涵的呢？2005年2月19日，胡锦涛同志在全国省部级主要领导干部提高构建社会主义和谐社会能力专题研讨班开班仪式上指出："实现社会和谐，建设美好社会，始终是人类孜孜以求的一个社会理想，也是包括中国共产党在内的马克思主义政党不懈追求的一个社会理想。根据新世纪新阶段我国经济社会发展的新要求和我国社会出现的新趋势新特点，我们所要建设的社会主义和谐社会，应该是民主法治、公平正义、诚信友爱、充满活力、安定有序、人与自然和谐相处的社会。"这就概括出了社会主义和谐社会的六个基本特征。

第三章　社会主义和谐社会的小常识

第一节　社会主义和谐社会的基本内容

和谐社会通常是指社会的协调发展，主要包括社会与自然环境的协调发展；社会内部的政治、经济、文化之间的协调发展；社会内部的各阶级、阶层之间的协调发展；人与人之间的协调发展；国内外的政治、经济、文化之间的协调发展。

社会主义和谐社会，首先应该是和谐的社会，它与秩序混乱、动荡不安的社会是对立的，如秦始皇暴政时期、抗日战争时期都不是和谐社会。其次，这种和谐社会，应该是社会主义的，而不是封建主义的、资本主义的，它与中国历史上的"文景之治""贞观之治""开元盛世""康乾盛世"有很大的相似，但却不是相同的，它们在本质上有很大的区别。

第一，传统的和谐社会往往是以牺牲个人利益或部分人的利益来换取短暂的社会和谐，比如清朝时期的康乾盛世是为了缓和阶级矛盾，让统治阶级损失一些利益，让百姓生活得好一些，从而实现社会的和谐。而社会主义和谐社会则是以人为本，协调好社会整体利益与个人利益的关系，整合好社会各阶层之间的关系，最大限度地激发整个社会的活力，从而实现社会和谐。

第二，传统的和谐社会是建立在私有制基础上的、少数群体剥削多数群体、少数人统治多数人的一种短暂的社会局面，社会缺乏公平与正义。封建社会都是皇室贵族、封建地主实行对普通百姓的统治，广大百姓辛勤劳动却生活异常艰苦，皇室贵族与地主们却端坐高堂、衣食无忧。封建社会即使存在和谐社会也是片面的、不完全的和谐社会。而社会主义和谐社会则是建立在社会公平正义基础上的，是一种全面的、全人民的和谐社会。比如：社会主义和谐社会不断鼓励生产，发展生产，极大地提高了广大劳动人民的生活水平；社会主义和谐社会还消灭了封建社会和资本主义社会所具有的剥削和专制，全体人民占有社会财富，全体人民地位平等、民主自由发展。社会主义和谐社会是一个社会管理公平、安定有序的社会，是一个充满活力、人民群众可以通过辛勤劳动而走向共同富裕的社会。

第二节　社会主义和谐社会的基本特征

民主法治、公平正义、诚信友爱、充满活力、安定有序、人与自然和谐相处，这六个方面准确地概括了社会主义和谐社会的基本特征，体现了社会主义和谐社会的本质。这六个基本特征，体现了民主与法治的统一、公平与效率的统一、活力与秩序的统一、科学与人文的统一、人与自然的统一。因此，这六个基本特征是相互联系，相互作用，辩证统一的。

一、民主法制是和谐社会的政治基础

所谓民主法制，就是社会主义民主得到充分发扬，依法治国的基本方略得到贯彻落实，人民群众的主人翁地位得到保证，这是社会主义政治制度的本质要求。我国是人民民主专政的社会主义国家，人民是国家的主人，维护社会的稳定与和谐，必须发扬社会主义民主，完善社会主义法治。只有民主和法治有机结合，才能保证社会的稳定和谐。因此，构建社会主义和谐社会，就必须发展社会主义民主，尊重人民群众的独立人格和民主权利，使人民群众的愿望、要求和建议有沟通的渠道，使人民群众的根本利益得到最大限度的满足，使社会各方面积极因素得到充分发挥。就要完善社会主义法制，使整个社会的运转服从于法制的权威，做到有法可依，有法必依，执法必严，违法必究，形成安全稳定的社会环境，使党的各项方针政策得到切实落实。

小马场村张某家的围墙占用集体通道达七年之久，村民多年反映都未能得到有效解决，群众反响强烈，成为小马场村的一大难题。在开展"民主法治示范村"创建活动后，该村的调解小组一改以往"只栽花、不栽刺"的"老好人"作风，在接受一场场潜移默化的法制教育后，大胆地依法履行自身的职责，经过努力，一条被侵占七年之久的通道终于归还了该村村民。

二、公平正义是和谐社会的重要原则

所谓公平正义，就是社会各方面的利益关系得到妥善协调，人民内部矛盾得到有效处理，社会公平和公正得到切实维护，使大多数社会成员都能享受改革开放和社会主义现代化的成果。现阶段，在经济快速发展的过程中，我国社会出现了一些问题和矛盾，如城乡差距拉大、贫富差距拉大、生态环境破坏等。这些矛盾虽然渗透于各个领域，表现为各种形式，但从根本上说，都是利益因素所致。因此，搞好社会各方面的利益调节，维护收入分配领域的公平与公正，是构建和谐社会的重要原则。所以，在构建和谐社会过程中，要运用多种手段，逐步建立以权利公平、机会均等、分配公平为主要内容的利益调节机制，进一步强化制度在利益协调中的基础性功能。要建立和完善畅通的利益表达机制，在相互沟通中达到相互理解、减少冲突、达成共识。要建立健全合理的利益补偿机制，进一步发展完善社会保障体系，保护困难群众的基本利益。当前，维护社会公平正义的首要任务是正确处理效率与公平的关系，合理调整不同阶层的利益结构，逐步缩小社会成员之间的收入差距。

三、诚信友爱是和谐社会的道德基础

所谓诚信友爱，就是全社会互帮互助，诚实守信，全体人民平等友爱、融洽相处。我们知道，社会是由人组成的，社会和谐取决于人与人之间的和谐，而诚信友爱又是实现人际关系和谐的条件。没有诚信，就不会有爱；没有爱，人际关系就紧张；没有人际关系的融洽与和谐，就不会有社会的和谐。因此，在建设和谐社会过程中，必须积极实施公民道德建设工程，广泛开展社会公德、职业道德、家庭美德教育；提倡尊重人、理解人、关心人、热爱集体、热心公益、扶贫帮困的社会风尚，从而在全社会形成诚实守信、团结互助、平等友爱的社会氛围和人际关系。

四、充满活力是和谐社会的发展动力

"创造"是社会活力的源泉，而充满活力又是社会进步与发展的现实力量和动力源泉，是现代社会的重要标志。因此，构建和谐社会，就要充分调动一切积极因素，发展各方面的创造活力，全面贯彻尊重劳动、尊重知识、尊重人才、尊重创造的方针，破除思想观念和体制上的各种障碍，让一切创造社会财富的源泉涌流。只有这样，才能更快更好地推动经济发展和社会进步，不断满足人们日益增长的物质和文化需要，实现人类社会和谐美好的未来。

五、安定有序是和谐社会的重要标志

安定有序，就是社会组织机制健全，社会管理完善，社会秩序良好，人民群众安居乐业，社会保持安定团结。因此，构建社会主义和谐社会的重要任务是推进社会管理体制创新。党的十六届四中全会明确提出，要"建立健全党委领导、政府负责、社会协同、公众参与的社会管理格局"。在这一社会管理格局中，党委领导是根本，政府负责是前提，社会协同是依托，公众参与是基础。只有这几方面的有机结合，才能坚持正确的社会主义政治方向，实施科学、高效的社会管理，实现社会生活的安定有序。

六、人与自然协调发展是和谐社会的基本规律

我们知道，自然包括资源和环境两个方面。发展经济不能以过度牺牲自然资源为代价，也不能建立在环境逐步恶化的基础之上。在我国现代化建设的进程中，由于种种原因，在取得生产发展和生活富裕的同时，出现了一些比较突出的生态问题。比如，土地沙漠化、水土流失、自然资源无序开采、资源利用率较低，

等等。任由这些问题存在和扩大，不仅会影响生产发展，同时也会影响人与社会的和谐。实现人与自然的和谐相处，首先是合理利用开发自然资源，发展循环经济，建设节约型社会，实现生产发展、生活富裕、生态良好的最佳结合。其次，在发展经济的同时，注意保护环境，增强可持续发展能力。经济的持续发展，必须充分考虑生态环境的承载力、自然资源的约束力和人口增长的压力。为了保持我国经济的持续、快速、健康发展，必须切实落实科学发展观，增强全民族的环境保护意识，加强环境污染治理和生态建设，严格控制高污染项目，为人类的生存和发展创造良好的环境。

第四章　社会主义和谐社会中的以人为本

第一节　认识以人为本

一、以人为本的内涵

发展是人类社会的主题，是我们党执政兴国的第一要务。那么，发展的最终目的是为了什么呢？发展的目的是为了人，为了广大人民群众。因此，和谐社会必须坚持以人为本，最终实现人的和谐。胡锦涛同志在《在中央人口资源环境工作座谈会上的讲话》中深刻指出了"以人为本"的内涵和要求：坚持以人为本，就是要以实现人的全面发展为目标，从人民群众的根本利益出发谋发展、促发展，不断满足人民群众日益增长的物质文化需要，切实保障人民群众的经济、政治、文化权益，让发展的成果惠及全体人民。全面发展，就是要以经济建设为中心，全民推进经济、政治、文化建设，实现经济发展和社会全面进步。

以胡锦涛同志为核心的第三代中央领导集体提出了科学发展观的重大战略思想，科学发展观在党的十八大报告中，被明确定义为：科学发展观是马克思主义同当代中国实际和时代特征相结合的产物，是马克思主义关于发展的世界观和方法论的集中体现，对新形势下实现什么样的发展、怎样发展等重大问题作出了新的科学回答，把我们对中国特色社会主义规律的认识提高到新的水平，开辟了当代中国马克思主义发展新境界。科学发展观是中国特色社会主义理论体系最新成果，是中国共产党集体智慧的结晶，是指导党和国家全部工作的强大思想武器。科学发展观同马克思列宁主义、毛泽东思想、邓小平理论、"三个代表"重要思想一道，是党必须长期坚持的指导思想。面向未来，深入贯彻落实科学发展观，对坚持和发展中国特色社会主义具有重大现实意义和深远历史意义，必须把科学发展观贯彻到我国现代化建设全过程、体现到党的建设各方面。科学发展观的本质和核心就是坚持以人为本。这里的"人"，是人民群众，这个"本"，是指人民群众的根本利益。这就是说，坚持以人为本，首先要一切为了人民，把发展的出发点和落脚点确定为人的发展。人的发展的内容丰富多彩，其一般递进顺序是脱贫——致富——达贵——自由，其中脱贫是人的发展的前提，一个食不果腹、衣不遮体的人是不可能发展的；自由是人的发展的至高境界，它是指人摆脱了对人和物的依赖，不再是人和物的"附属品"。在社会阶层分明的今天，这对绝大多数人来说还是不可能的。现实社会中，人的发展的基本标志是致富和达贵。富是丰衣足食，安居乐业，是人的物质生活水平；贵是教育有素，德高才专，是指人的精神生活境界。因此，坚持以人为本，就是要一切为了人、关心人、爱护人、帮助人。要不断满足人合理的物质和精神需要，切实保障人的经济、政治和文化权益，让大多数人致富，使尽量多的人达贵，逐步推进人的自由发展。

坚持以人为本，还要一切依靠人民群众，把人民群众作为社会发展的动力。社会发展依靠人民群众，所以必须要选好人、用好人、育好人，让越来越多的人成为人才，使更多的人才脱颖而出，真正做到人尽其才和物尽其用。需要特别强调的是：第一，这里的"人"指的是全体人，至少是绝大多数人，不是一部分人，更不是少数人，要让亿万人民在发展中各显其能，让发展的成果惠及亿万人民。第二，"人"指的不仅是当代人，还包括后代人，要让子孙后代在发展中建功立业，让发展的成果造福于子孙后代。和谐社会是一个社会发展过程，这个过程不是一蹴而就的，是需要不断发展，不断进步的，这就需要千千万万、世世代代的人民群众共同努力来实现。

二、以人为本的理论渊源

以人为本既是和谐社会建设所必须遵循的原则，也是和谐社会发展所要达到的最终目标。坚持以人为本，具有非常深远的文化渊源和深厚的理论基础。

（一）我国古代传统文化中的以人为本思想

以人为本的思想源远流长，它根植于我国优秀的传统文化的土壤之中。在数千年的文化发展中，总是能够看到人为贵、民为本的思想，始终对人及人生高度关注和不断探索。在我国历史上，最早出现"民本思想"，是在殷商之际。在《尚书·五子之歌》中讲到"民可近，不可下；民为邦本，本固邦宁"。这句话的意思是：百姓可以亲近，而不可以忽视；百姓是国家的根基所在，根基稳国家才会安宁。此后，这句话被历代思想家所引用。孟子也曾经说过"民为贵，社稷次之，君为轻"的仁政思想；荀子则提出了著名的"舟水论"，即"君者，舟也，庶人者，水也，水则载舟，水则覆舟"，表明了民是国家和政府的基础。这和"民为邦本""民贵君轻"的"民本思想"被奉为开明之君的执政要诀，成为了中国传统文化的重要组成部分。

李世民当政期间，实行了许多新的政策，其中最著名的就是"纳谏"——鼓励大臣们向皇帝提出意见。在进谏方面最出名的代表就是魏征。有一天，李世民与魏征讨论治国之道。李世民问："隋朝灭亡的原因是什么？"魏征回答说："失去民心。"李世民又问："人民和皇帝应当是什么关系？"魏征说："皇帝就像一只漂亮的大船，人民就是汪洋大水，大船只有在水中才能乘风前进；但是，水能载舟，同时也能将船弄翻。太上皇（李渊）举义旗推翻隋朝统治就说明了这一点。所以，作为君王要时刻记住水能载舟，亦能覆舟。"李世民采纳了魏征的建议，制定国家政策，唐朝从此走向繁荣。

由于中国古代长期处于农耕社会，这种对于人生及社会的关系的认识，不可能达到与现代社会的以人为本理念同等的水平，但其独特的视野和深邃的思想，在当今时代同样可以放射出独有的光芒。

（二）马克思主义基本原理中的以人为本思想

马克思对人和人的本质的理解进一步科学化和准确化，马克思认为："人的本质是一切社会关系的总和。"人是社会的基础，单个人无法构成社会，只有多数人，甚至是千千万万的人才能构成社会，同时，社会中的人也不是静止不动的，而是始终处于交往之中，从而形成了社会关系。马克思又认为："人的本质是一种动态的范畴。"决定人的本质的社会关系随着社会在生产过程的不断变化而变化，社会结构也是随着这种改变而改变。因此，对于人的认识和理解，应该放在具体的社会关系和特定的历史条件下来加以考察。马克思还认为："实践是考察人的本质的基础。"因为人的社会活动和整个历史的发展都是在实践中完成的，是实践的过程。人与人之间所结成的社会关系是"实践的，即以活动为基础的关系"。人的本质既是由社会关系和历史过程所决定的，也是由人的自己的活动所创造的，这种社会制约性和主体创造性的统一就是实践。

马克思在人的本质的基础上提出，人民群众是历史的主体，历史的创造者。人民群众在实践过程中，创造了社会物质财富和社会精神财富，并且在社会变革的过程中充当了主力军，对社会的发展变化起到了决定性的作用。因此，国家和社会的发展都必须要坚持以人为本，以人为中心，尊重人民群众的主体地位，保护群众的根本利益。

以人为本是与马克思主义唯物史观的"人民群众是历史的创造者"原理相统一的。以人为本是建立在群众史观基础上的，是以确认人民群众作为历史创造者、作为国家和社会主人翁地位为前提的。在构建社会主义和谐社会中，坚持以人为本的价值原则，就要牢牢地确立人民群众在国家和社会事务中的主人翁地位，坚决维护人民群众的利益。最终人民群众的意愿，仅仅依靠人民群众，充分发挥人民群众的首创精神和创造才能而实现。

第二节　以人为本与和谐社会的关系

以人为本是构建社会主义和谐社会的生长点，也是构建社会主义和谐社会的落脚点。以人为本既是手段也是目标，是二者的统一。把以人为本作为构建社会主义和谐社会的出发点，就是要在制定路线、方针、政策的过程中推进人的全面发展。把以人为本作为社会主义和谐社会的落脚点，就是要把推进人的全面发展，同推进经济、政治、文化发展和改善人民物质文化生活水平相结合，让人民真正享受到改革开放的成果。只有坚持以人为本，将人的自由而全面发展作为经济社会发展的目标，我们的经济、政治、文化发展才会有明确的方向和正确的发展战略，才能从根本上建立和完善有利于保障人的经济、政治和文化权利的制度体系，才能从根本上把实现以人为本纳入到法治的轨道，才能从根本上克服种种社会问题，建立社会主义和谐社会。

是否坚持以人为本是衡量党和国家一切工作成败得失的价值标准，构建社会主义和谐社会，就必须以人民群众的根本利益为价值标准，始终把最广大人民群众的根本利益作为党和国家工作的根本出发点和落脚点。党和国家制定路线方针政策的依据是人民群众的根本利益，各项工作都是着眼于维护好、实现好、发展好人民群众的根本利益。构建社会主义和谐社会的起点是以人为本，根本目的是实现人的全面发展，表现在实际工作中就是如何维护好、实现好、发展好人民群众的根本利益。人民群众的根本利益并不是一种空洞的、抽象的政治口号，它是由各个方面的具体利益所构成的整体，具体表现在经济、政治、文化和社会制度的设计上，反映在政策、法规和实际的工作之中。

总之，我们把"以人为本"作为社会主义和谐社会的价值根本，它不仅彰显了人在社会主义社会的主体地位，还确立了以人为本的科学发展观。它告别了"以物为核心"的时代，开辟了一个"以人为核心"的、推进人的自由而全面发展的中国特色社会主义和谐社会的新阶段，又使社会主义在现代的意义上获得了新的活力。

第三节　以人为本是当前社会发展的当务之急

以人为本是社会主义和谐社会的价值核心。以人为本还是指导社会主义和谐社会建设的科学发展观的重要内容之一。那为什么说以人为本是当前经济和社会发展的当务之急呢？这可以从以下几个方面来理解。

1. 如果不以人为本，消除贫富差距，实现共同富裕，和谐社会目标就会落空。我国正在全面建设小康社会，小康社会的基础就是共同富裕。然而我国的贫富差距已经非常悬殊，并还在继续地扩大。1997年世界银行发布的《共同不断提高收入》的报告指出，中国的基尼系数1980年是0.28，1995年是0.38，到2000年已达到0.412，2007年更是达到0.48，近几年仍在不断上升，已超过了0.5。国际上通常认为，一旦基尼系数超过0.4，表明财富已过度集中，所以中国已经成为世界上收入分配不平等最严重的国家之一，中国社会可能已经处于"危险"状态。

1998年5月，印度尼西亚首都雅加达随着政府的更替发生了暴乱，一些暴徒洗劫了5000多家华人店铺和住所，此后以袭击华人富商为目标的暴力活动席卷印尼全国各地。之所以发生这样的情况，是因为在过去的20年里，印尼政府倡导自由市场经济，单纯鼓励一部人先富起来，造成了仅占印尼总人口3%的华人，拥有了70%的私人财富。由于广大印尼穷人不能从经济增长中分享到成果，一旦出现政治动荡，他们就以公开抢劫和其他灭绝人性的手段向华人进行报复。

印尼的暴力活动告诉我们，以人为本，就是要求经济社会的发展必须把全体人民群众的发展作为出发点和落脚点。"鼓励一部分人先富起来，先富带后富，最后实现共同富裕"已经随着经济社会的发展，不适合现在的中国国情了，应该调整为全体人民达到共同富裕，为共同富裕的实现提供政策和制度平台。显然，如果我们再不把共同富裕提到日程上来，就会犯历史性的错误，全面建成小康社会和构建社会主义和谐社会的目标就会落空。党的十八大报告指出，"必须坚持走共同富裕道路，使发展成果更多更公平，惠及全体人民。"人们注意到，自十六届四中全会提出构建和谐社会目标以来，我们党把保障社会公平、正义摆到了更加突出的位置。

2. 如果不以人为本，调整社会心理，化解社会矛盾，构建和谐社会的进程就会乱而慢。发展需要稳定的社会环境，没有稳定，发展是不可想象的。我国在改革开放之后，经济社会不断进步，同时社会心理日益复杂，社会矛盾日渐突出，群众上访率居高不下，局部的骚乱时有发生，抗拒的事件屡见不鲜……

据国家信访局分析，目前群众上访的问题主要集中在以下几个方面：一是劳动和社会保障问题，如一些单位拖欠在职和离退休人员工资，职工下岗再就业困难，基本医疗无法保障等。二是农民、农业和农村问题，如违规违法征收农民土地，补偿标准低，一些农民失业、失地、失保，以致于危及到农民的生存；干部滥用职权，村委会换届选举不规范，村组财务管理混乱等。三是城镇拆迁安置问题，如城镇拆迁不依法办事，补偿不合理，安置不妥当。四是涉法涉诉问题，主要是不服法院判决。五是干部腐败问题。在当前的群众上访问题中，80%以上反映的是改革和发展过程中的问题；80%以上是有道理或有实际困难的；80%以上是各级党委和政府可以解决的；80%以上是通过基层组织的工作能够解决的。就单在信访问题上的这"4个80%"，难道还不能引起我们足够的反省和沉思吗？

以人为本，就是要调节社会心理，化解社会矛盾。要像重视经济建设一样重视社会稳定，大力解决人民群众的生活问题，正确处理人民群众内部矛盾，妥善调停和合理化解人民群众的抗拒事件。显然，如果我们不能创造和保持一个安定团结的社会环境，发展就不可能优质、高效、安全地进行，和谐社会也不会建成。

3. 如果不以人为本，开发人力资源，提高人力资本，和谐社会建设就会动力不足。综合国力的强弱直接决定一个国家发展的速度和质量，而综合国力分为物质资本、自然资本和人力资本。据世界银行1995年对192个国家的评估，物质资本占国民财富比重是16%，自然资本占20%，人力资本占64%。人力资本是发展的第一资本，以人为本者胜，这是国家、企业、个人发展的基本法则！就个人而言，世界微软大亨、前世界首富比尔·盖茨为什么能成功呢？就是因为他有世界超一流的企业家、经理人和科学家。从企业来说，世界500强强在哪里呢？强就强在他们有选拔人才、使用人才、培养人才的方法，不仅能够把人才吸引进来，还能留住人才，并且让人才的作用发挥出来。拿国家来说，欧美国家为什么发达？凭的就是高素质、全面发展的人才，凭的就是他们有"人尽其才、才尽其用"的优良的社会环境。

我国的人力资源十分丰富，我国的总人口占世界总人口的22%，我国的经济活动人口占世界经济活动人口的1/4。但是我国的人力资本却相形见绌。我国的劳动者中专业技术人员仅占从业人员的5.5%，相当于发达国家的1/4。在专业技术人员中，高级专门人才仅占5.5%，具有大学以上学历的占17.5%，中专及以下的人员占到一半以上。而且，我国42%的教授、副教授和50%的高级工程师、高级经济师等将面临退休，同时，我国科技人才在大量流失。这些问题的出现反映了什么？意味着什么？

以人为本，就是要积极开发人力资源，提高人力资本。要把科教兴国作为第一国策，在大力发展各种教育的同时，建设学习型社会，构筑人才高地。显然，如果我们不尽快把沉重的人口压力转化为人力资本，我国的发展就会因为缺乏足够的人才和智力资源而力不从心、举步维艰。

4. 如果不以人为本，和谐人与自然的关系，改善生态环境，和谐社会的条件就会恶化。经济增长在为人类带来财富的同时，也将同时给人类带来灾难。一些不当的增长方式，严重破坏了生态，污染了环境，直接影响着人类的生存和繁衍。生态破坏和环境污染已成为我们人类健康的杀手。众所周知，癌症是危害人类健康最严重的疾病之一，我国目前癌症的死亡率为0.10839%，占人口总死亡率的17.94%，其中肺癌的死亡率也在大幅度增大。为什么癌症的发病率越来越高呢？其根本原因就在于手工业和交通所造成的空气污染。对人类健康来说，最为重要的生态环境因素乃是我们的盘中菜，据统计，目前世界死亡人数中有40%与摄入被污染的食物有关。

2006年2月和3月，素有"华北明珠"美誉的华北地区最大淡水湖泊白洋淀，相继发生大面积死鱼事件。调查结果显示，水体污染较重，水中溶解氧过低，造成鱼类窒息是此次死鱼事件的主要原因。这次事件造成任丘市所属9.6万亩水域全部污染，水色发黑，有臭味，网箱中养殖鱼类全部死亡，淀中漂浮着大量死亡的野生鱼类，部分水草发黑枯死。水污染给人们的生活和健康带来了极大的威胁。

以人为本，就要改善人与自然的关系，达到天人合一的和谐关系，改善人的自然生态环境。要采用最为严格和强有力的措施保护生态、治理污染，尤其是要严格加强食品安全生产经营管理，变事后查处为事前防范，消灭制假造劣的源头，让人人吃得健康，吃得安全。显然，如果我们再不把生态环境问题解决好，我们的发展就会牺牲广大人民群众的根本利益，最终无疑将会葬送发展的成果。

第五章　什么样的政治是和谐的

　　社会主义和谐社会的政治和谐应该是这样的：人民当家做主，公民参与政治有序扩大，各方面积极因素得到广泛调动，社会民主得到充分发扬；依法治国基本方略得到切实落实；公权和私权良性互动，公民权利得到实现，每个人平等、自由、全面地发展，等等。实现这些目标，必须发展社会主义民主政治，必须健全社会主义法治，这是推动和谐社会发展的重要方面，也是社会主义和谐社会的内在要求。

第一节　你知道"政治和谐"吗

　　我国学术界从上世纪研究政治稳定起步，近几年再深入到政治和谐问题，明确提出政治和谐概念，并对其含义进行了多方面探讨。比较有代表性的几种观点如下：

"政治和谐，是指政治关系的和谐，是政治权力主体和政治权力客体的行为必须符合一定的规范或秩序，而这种规范或秩序双方都给予认可，因而关系比较缓和的状态。"

"政治和谐，即一个社会中政治生活良性运转、政治体系诸因素中彼此协调互动、有序共进的一种状态。政治和谐在现代社会具体表现为：民主法治有效践行、政治生活运转有序、政治关系协调顺畅、政治制度架构合理、政治文化理性宽容、政治秩序动态稳定。"

"政治和谐是指社会政治系统中各子系统之间、各行为主体之间的关系处于协调、融洽的状态。"

要全面深刻理解"政治和谐"概念的含义，关键还在于把握"政治"这个基本概念的内涵与外延。从内涵上说，政治或者说政治文明，是人类社会文明的一个特定领域，其本质内容是：在一定的经济基础上，围绕一定的利益，借助于社会公共权力的配置和运行来规定和实现一定权利的一种社会关系和活动。这一定义将政治文明归结为社会经济基础上的社会政治关系和政治活动，它包含公共权力、政治权利两大要素，其中核心要素是公共权力。换言之，一切政治关系和政治活动都是围绕公共权力的配置和运行展开的，落脚点在于规定和实现一定的政治权利。"和谐"，本是指事物发展有条不紊、井然有序、相互协调、相互促进，矛盾冲突得以有效控制化解的状态与过程。所谓政治和谐，其内涵当然是指政治关系和政治活动的和谐发展状态与过程。

第二节　我国政治发展中的小问题

经过30多年改革与发展，当今中国已初步建立起一些现代民主法治的政治体制，我国政治体制与运行机制初步呈现总体和谐发展的局面，社会政治和谐已达到中国数千年历史上的最好水平。然而我国政治生活中局部不和谐的因素及由此带来的矛盾问题依然存在，这里既有传统体制遗留的"老大难"弊病残余，又有新形势下产生的新矛盾，这些问题反映了社会转型关键时期的政治发展特点，也是通过深化改革发展可以逐步解决的前进中的问题。一方面，执政党内部存在不和谐：党内民主需要进一步提高；部分党员的思想状况与执政党的宗旨和历史任务不相适应；党内领导体制上民主集中制不完善；党内腐败现象仍十分严重。另一方面，党政关系尚未明确，权力制约与监督机制有待完善，公民有效政治参与水平低等。

第三节　推进社会主义政治和谐发展的方法

一、发展社会主义民主政治，构建社会主义和谐社会

发展社会主义民主政治是我们党始终追求的奋斗目标，也是

全国人民的共同愿望。改革开放以来，我们积极稳妥地推进政治体制改革，发展社会主义民主政治，有力地促进了我国社会的发展和进步。现在我们正处在全面建设小康社会和构建社会主义和谐社会的关键时期，为了适应社会主义现代化的需要，为了给社会主义和谐社会建设提供良好的政治环境，我们必须继续发展社会主义民主政治，进一步保证人民当家做主的地位。

（一）坚持党的领导、人民当家做主、依法治国的有机统一

党的十七大指出：发展社会主义民主政治，要坚持中国特色社会主义政治发展道路，坚持党的领导、人民当家做主、依法治国的有机统一。

首先，社会主义和谐社会必须保证人民当家做主。人民当家做主是社会主义民主政治的本质和核心。人民当家做主，就是要人民在党的领导下，保证人民群众的主人翁地位；让人民群众管理国家、管理社会；让国家的政治、法律、法规充分体现人民的意志和愿望。人民当家做主，不仅要求党和国家给予人民群众当家做主的权利，还要求人民群众实行自我管理、自我教育、自我监督，努力提高自身的素质，充分参与到国家的管理之中。当前，我国人民民主在制度上表现为两个层面：一是人民群众选出各级人民代表，通过他们参政议政，间接管理国家事务、经济和

文化事业以及社会事务；二是在基层的农村、社区、企事业单位，实行基层民主自治，保证人民群众直接行使民主权利，依法管理自己的事情。

其次，社会主义和谐社会必须坚持依法治国。依法治国是党领导人民治理国家的基本方略。依法治国是党领导和支持人民当家做主，最广泛地动员和组织人民管理国家和社会事务、管理经济和文化事业，都必须通过法律化、制度化的途径，都必须恪守宪法和法律的规定。依法治国就是要国家的各项工作走向法制化轨道。实行依法治国，最重要的是确立和维护宪法的权威。胡锦涛同志深刻地指出：实行依法治国的基本方略，首先要全面贯彻实施宪法。宪法是国家的根本大法，它是我国一切国家权力机关、企事业单位、个人活动的根本准则，我国公民的所有活动都必须在宪法和法律允许的范围内进行，不允许任何人的地位、权利和活动，超越于宪法和法律之上。同时，依法治国，还要抓好立法、执法、司法的基本环节。加强对立法工作的领导，就是要善于使党的主张通过法定程序成为国家意志。推进依法执政，就是要以宪法为根本准绳，严格按照法定程序行使职权，履行职责，依法处理经济、社会事务，提高依法行政能力。深化司法体制改革，建立公正、高效、权威的社会主义司法制度，确保社会公正和法律的正确实施。坚决杜绝下述事件的发生：

2010年10月20日23时许，药家鑫驾驶红色雪佛兰小轿车送完女朋友返回西安，当行驶至西北大学长安校区外西北角学府大道时，撞上前方同向骑电动车的张妙，后药家鑫下车查看，发现张妙倒地呻吟，因怕张妙看到其车牌号，以后找麻烦，便产生杀人灭口之恶念，遂转身从车内取出一把尖刀，上前对倒地的被害人张妙连捅数刀，致张妙当场死亡。杀人后，被告人药家鑫驾车逃离现场，当车行至郭杜十字时再次将两情侣撞伤，逃逸时被附近群众抓获，后被公安机关释放。2010年10月23日，被告人药家鑫在其父母陪同下到公安机关投案。2011年1月11日，西安市检察院以故意杀人罪对药家鑫提起了公诉。同年4月22日在西安市中级人民法院一审宣判，药家鑫犯故意杀人罪，被判处死刑，剥夺政治权利终身，并处赔偿被害人家属经济损失45498.5元。同年5月20日，陕西省高级人民法院对药家鑫案二审维持一审死刑判决。2011年6月7日上午，药家鑫被执行死刑。

最后，社会主义和谐社会必须坚持党的领导。党的领导是人民当家做主和依法治国的保证。没有党的领导，就没有人民民主，也就不能建设社会主义法治国家。只有保证党的领导，才能保证民主法制建设与国家的政治、经济、文化的协调发展。党的领导主要是政治、思想和组织领导。政治领导主要是通过制定大政方针、提出立法建议来实施；组织领导主要是向国家权力机关推荐重要干部；思想领导主要是进行思想宣传。

总之，党的领导是人民当家做主和依法治国的根本保证，人民当家做主是社会主义民主政治的本质要求，依法治国是党领导人民治理国家的基本方略。离开党的领导，人民当家做主和依法治国都会失去基本的保证；人民当家做主是党的领导的价值取向，共产党执政就是领导和支持人民当家做主，离开了人民当家做主，党就失去了执政的目标；依法治国是党领导人民依法管理国家和社会事务，人民群众是依法治国的主体，没有人民当家做主，依法治国就是一句空话，依法治国是保证党的领导和人民当家做主权利的根本手段。党的领导、人民当家做主、依法治国是紧密联系、缺一不可的，三者的有机统一是中国特色社会主义民主政治的一大特色。

（二）以制度保障人民享有更多、更切实的民主权利

发展社会主义民主政治，要着重加强制度建设，以制度为载体，通过一系列科学、合理的制度设计和制度安排来体现，以制度保障人民的民主权利。人民代表大会制度是我国的根本政治制度，它与中国共产党领导的多党合作和政治协商制度、民族区域自治制度、基层群众自治制度一起，构成了我国社会主义政治制度的基本框架。我国政治制度由多种形式和多种层次构成，适应我国人口众多、民族众多、所有制结构多样化的需要，有利于最广泛、最深入地体现人民的意志和要求。

1. 社会主义和谐社会必须坚持和完善人民代表大会制度。坚持和完善人民代表大会制度，是发展社会主义民主政治的根本途径，对经济发展、社会进步与和谐有着重要意义。在构建社会主义和谐社会中，人民代表大会制度需要进一步完善，才能更好地发挥作用。第一，加强人民代表大会及其常务委员会的自身建设，优化结构。人民代表大会及其常务委员会的组成人员素质必须要高，有坚定的代表人民利益的信念，有较强的议政能力和宽广的知识结构，有积极进取、与时俱进的精神状态，能够真正代表人民群众的意愿，切实履行自己的职责。第二，完善议事制度，推进决策科学化、民主化。各级人民代表大会及其常务委员会在行使重大事项决定权的过程中，必须健全深入了解民情、充分反映民意、广泛集中民智、切实珍惜民力的决策机制，完善决策信息和智力支持系统，增强决策透明度和公众参与度，推进决策科学化、民主化。第三，完善制约和监督机制。加强监督工作，必须建立健全一套行之有效的监督机制，规范监督程序，加大监督力度，扩大监督范围。通过这些改革和完善措施，人民代表大会制度的优越性将更加充分地展示出来，从而成为中国特色社会主义民主政治的重要标志。

贵州省锦屏县平秋镇圭叶村，是个国家级重点扶贫村。这个村子因一枚村民发明刻制的财务审核公章而闻名全国。他们把"平秋镇圭叶村—理财小组审核"字样的印章分为五瓣，分别由

4名村民代表和1名村党支部委员保管。村里的经费开销，须经他们其中至少3人同意，才能将其合起来盖章报销。由此产生了我国第一枚"五合章"。"五合章"的诞生，引起了全社会的广泛关注和评论。有人说它是"史上最牛的公章"，也有人认为这是理财最有效的监督，是最直接的分权制衡，具有现实的效仿推广价值。该县纪委还专门发文，在全县推行"五合章"理财办法。最终，"五合章"改变了县委的暗箱操作现象，实现了民主监督。

2. 社会主义和谐社会必须坚持中国共产党领导的多党合作政治协商制度。中国共产党领导的多党合作和政治协商制度，是我国的一项基本政治制度，也是我国的政党制度。其显著特征是共产党领导，多党合作；共产党执政，多党参政。各民主党派不是在野党和反对党，而是同共产党亲密合作的友党和参政党；共产党和各民主党派对国家重大问题进行民主协商、科学决策，集中力量办大事；共产党和各民主党派相互监督，促进共产党领导的改善和参政党建设的加强。这一制度显现出了巨大的优越性，是中国特色社会主义民主政治的重要内容。

坚持和完善这一制度，主要应推进其制度化、规范化、程序化。制度化就是要健全各项工作中的规章制度以及落实制度的方法和措施以及步骤，逐步建立落实制度的机制。规范化是通过制度这个载体来实现的，规章、制度、章程是规范化的存在形式。

程序化是制度化的延伸、补充和具体化，是落实制度的重要保证。制度化、规范化、程序化是坚持和完善多党合作和政治协商制度的三项基本要求，他们相互联系、相互作用、相互渗透、相互支持，是不可分割的统一体。

多党合作和政治协商的重要机构是人民政协，政协章程就是中国共产党和各民主党派等共同的行为规范。章程对政协性质、主要职能等作了明确表述，使其内容更加明确、形式不断完善、程序更加规范，是对多党合作制度的发展和完善。

中国人民政治协商会议第十届全国委员会第四次会议于2006年3月3日至13日在北京举行。会议审议和批准了时任主席的贾庆林同志所作的全国政协常委会的工作报告，听取并赞同温家宝总理所作的政府工作报告，赞同最高人民法院工作报告和最高人民检察院工作报告以及其他报告。在会议期间，提案委员会共收到提案5030件，参与提案的委员2041人，占委员总数的89.52%。经审查，立案4898件，占提案总数的97.38%。作为委员来信转送有关部门研究处理的132件。

在立案的提案中，委员提案4647件；各民主党派中央、全国工商联提案198件；人民团体提案1件；界别、小组提案52件。按类别分，有关经济建设方面的提案2213件，占45.18%；科教文卫体方面的提案1441件，占29.42%；政治法律和社会保障等方面的提案1244件，占25.40%。委员提案关注的问题有：

社会主义新农村建设、自主创新、节约资源、循环经济、环境保护、协调发展、思想道德建设，以及涉及群众切身利益的义务教育、就业和再就业、医药卫生、社会保障、收入分配、安全生产等。

坚持和完善人民代表大会制度、中国共产党领导的多党合作和政治协商制度，坚持社会主义政治制度的特点和优势，推进社会主义民主政治制度化、规范化、程序化，是发展社会主义民主政治的要求。发展社会主义民主政治，是逐步发展的历史过程，需要从我国的国情出发，在党的领导下有步骤、有秩序地推进，坚持中国特色社会主义政治发展道路，为构建社会主义和谐社会提供政治和制度保障。

二、全面推进法治国家建设，构建社会主义和谐社会

改革开放以来，我国社会主义法制建设取得了举世瞩目的成就，但是我国的法制建设现状距法治国家的要求还有一定距离。一个法治国家，必须具有民主完善、保障人权、法律至上、法制完备、司法公正、制约权力、依法行政、保障权利等基本特征。面对新形势，从构建社会主义和谐社会的需要来看，法制建设还面临艰巨的任务，应该着重从立法、执法、司法和法制宣传教育等方面进行努力。

（一）坚持科学立法、民主立法，完善中国特色社会主义法律体系

建设法治社会的基础是法律法规的完善，即国家的立法建设，因为没有立法就无法可依。完备的法律体系是构建社会主义和谐社会的重要条件。目前，以宪法为核心的中国特色社会主义法律体系已经基本完成，我国政治、经济、文化和社会生活的主要方面基本上实现了有法可依。但是，我们立法的领域、数量、质量等与建设社会主义法治国家的目标还有差距。随着改革开放和社会主义市场经济的不断发展，各种利益关系将更加错综复杂，需要法律法规来进行调节，因此，完善中国特色社会主义法律体系任务艰巨而繁重。

完善立法工作，一要遵循宪法的基本准则，一切以宪法为最高权威；二要树立以人为本的立法理念，坚持公民在法律面前一律平等，尊重、保障人权和公民权。三是要科学立法、民主立法，提高立法质量。四要对立法重点进行调整，更加重视社会管理方面的立法。

（二）全面推进依法行政，加快建设法治政府

依法行政是现代法治国家的重要标志。依法行政就是政府在行使公共权力、管理公共事务时，必须以法律为依据，依照法律

履行职责权限。依法行政，首先要坚持宪法原则，依宪行政。各地出台的法律、法规、政策都要遵循宪法，不得与宪法相违背，冲突；二是要加强和完善行政执法，确保法律法规正确实施。

1. 维护公平与正义，加强司法监督检查。司法具有解决纠纷、化解矛盾、维护公正、社会稳定的职能和作用。就治国而言，司法是社会控制的最后一道防线。构建社会主义和谐社会，必须要深化司法体制改革。一要坚持司法独立行使职权。宪法规定司法独立，也就是说司法部门依法独立公正地行使国家审判权、检察权，行政机关能依法行政，监督机关能依法实行监督，不受其他组织、部门、社会团体或个人的干预，确保司法的公开和公正。二要加强和改善党的领导和人大的监督。只有在党的领导下，司法改革才能稳定、有序地深入下去。党对司法机关的领导，主要是方针、政策的领导，其目的是支持、监督司法机关依法履行职责。人民代表大会是我国最高权力机关，对司法拥有监督权力。司法机关应自觉把工作情况置于人大的监督之下，认真负责地向人大报告工作。

天门市是武汉城市圈中一个中等城市，市区人口28万，日产垃圾300多立方米。但长期以来没有垃圾处理场，垃圾均采用露天填埋方式处理。2005年，环卫部门与市郊湾坝村委会签订为期两年的合同，将路旁集体所有的两口鱼池作为垃圾填埋场。

2007年元旦，原合同到期，村委会与已划归城管局的环卫部门续签了合同，并支付半年费用约8000元。但垃圾场周边村民认为，垃圾场距居住区不到百米，臭味太大，尤其是夏天，蚊蝇成群，饮水水质明显变坏，严重影响到日常生活，不同意再倒垃圾。自2007年元旦起，他们采取挖路、堵车等方式阻拦垃圾车进场。由于天门市另一垃圾处理场只够填埋城区的垃圾，城管部门只得硬着头皮往湾坝拉。当年1月7日15时，垃圾车到湾坝村时遭村民阻挡。17时许，环卫局工作人员向城管局分管领导报告此事，城管局分管领导通知50多名城管执法人员到现场，并与村民发生激烈冲突，多名村民被打伤。

相关领导接受采访时明确表示："城管执法人员到湾坝垃圾处理场去，不属于执法行为。"他透露说，事发后，包括市政府副秘书长、城管局局长祁正军在内的上百名相关人员均接受了公安、纪检、监察、检察等机关的调查，公安机关已控制涉嫌人员24人，其中4人被刑事拘留。

天门城管执法人员如此明目张胆大规模集体殴人致死，实在令人发指。一些基层干部认为，要从根本上杜绝类似事件再次发生，当务之急是堵住体制漏洞，规范城管权力，而从长远看，还需要倡导正确的执法理念，严格依法行政，加强监督管理，严惩少数害群之马。

2. 开展法制宣传教育，增强公民的法律意识。搞好法制宣传教育，增强全体公民的法律意识和法治观念，是社会主义法治建设的基础工程。增强公民法律意识，一要树立法律至上的观念。法律至上就是在观念和行为上坚持法律的权威、地位高于一切。二是开展法制宣传教育，弘扬法治精神，形成自觉学法、守法、用法的社会氛围，这是增强公民法律意识的基本途径。在法制宣传教育中，不仅要进行法律权利的宣传教育，还要进行法律义务的宣传教育，做到在依法行使自身权利的同时，自觉履行法律义务，依法合理表达利益诉求，促进社会和谐稳定。

2011年9月21日上午，广东省陆丰市乌坎村400多名村民因土地问题、财务问题、选举问题对村干部不满，到陆丰市政府反映情况，经陆丰市领导接访并给予明确答复后，村民自行散去。下午，部分村民在村里及村周边企业聚集、打砸、毁坏他人及公共财物，冲击围困村委会、公安边防派出所。22日上午，部分村民组织阻挠、打砸进村维持秩序的民警和警车，6部警车被砸坏。从整个事件发生经过看，事件诱因主要在村内矛盾，大部分村民的诉求还主要指向村内的经济问题，村民的不满主要是针对村党支部和村委会。事后，村民的合理诉求已全部得到落实，事件已依法处置。

农村中村民在权益受到侵害时，由于法律知识的欠缺或者对法律的不信任，往往采取暴力的手段，由此，许多人又会在维护自己的合法权益的同时触犯了法律，从而留下终生遗憾；有些人在权益受到侵犯时不知道寻求法律救助，或不能正确地选择救助的途径。有些人只要权益受到侵犯就会采取乱投诉的方式或不断上访的方式，从而无法得到及时公正的解决，在寻求救济未果的情况下，又会表现出对法律的不信任，在一些别有用心的人的欺骗、引诱下采取极端的手段发泄不满。出现以上情形，除了其他原因外，村民法律意识的极端低下是一个极其重要的原因。

总之，加强社会主义法治建设，全面落实依法治国基本方略是一项长期的艰巨的任务，它与我国的经济建设、民主政治建设等同步进行，相互依存，相互影响，相互制约。通过制定和完善法律法规，推进社会主义民主政治建设，保证人民当家做主；通过科学的立法、严格的执法、公正的司法和全面的监督，进而达到社会普遍的守法，促进和实现社会公平和正义，化解矛盾冲突，维护社会秩序，形成全社会和谐共存的局面，为构建社会主义和谐社会营造良好的法治环境。

第六章　什么样的经济是和谐的

经济是整个社会的基础，社会和谐是以经济和谐为基础的，没有经济和谐就没有经济效率，整个社会也就失去了必要的物质支撑。推进社会主义市场经济的健康发展，在全社会合理分配社会资源，实现公平、正义、共同发展，才能建设共同富裕的社会主义和谐社会。

第一节　你知道"经济和谐"吗

所谓经济和谐，从现象看，指经济又好又快发展，推进经济社会可持续发展。从实质看，一是指经济与政治、文化、社会、生态文明建设等领域之间发展的协调性；二是指经济自身发展过程中各种经济关系的协调性，即经济自身和谐发展的状态与过程。经济和谐这两层含义之间是一个紧密相关、相互制约又相互促进的关系，但归根结底，经济领域自身发展是整个社会发展的物质基础，没有经济自身和谐发展就没有社会其他领域自身的和谐发展，也没有社会各领域之间协调发展和效率与公平的统一。

第二节　我国经济发展中的小问题

党的十七大深刻分析和指出了这一时期所面临的矛盾问题：经济实力显著增强，同时生产力水平总体上还不高，自主创新能力还不强，长期形成的结构性矛盾和粗放型增长方式尚未得到根本改变；社会主义市场经济体制初步建立，同时影响发展的体制障碍依然存在，改革攻坚面临深层次矛盾和问题；人民生活总体上达到小康水平，同时收入分配差距拉大趋势还未得到根本扭转，城乡贫困人口和低收入人口还有相当数量，统筹兼顾各方面利益难度加大；协调发展取得显著成绩，同时农业基础薄弱、农村发展滞后的局面尚未改变，缩小城乡、区域发展差距和促进经济社会协调发展任务艰巨。

以经济建设为中心是兴国之要，发展仍是解决我国所有问题的关键。只有推动经济持续健康发展，才能筑牢国家繁荣富强、人民幸福安康、社会和谐稳定的物质基础。必须坚持发展是硬道理的战略思想，决不能有丝毫动摇。

在当代中国，坚持发展是硬道理的本质要求就是坚持科学发展。以科学发展为主题，以加快转变经济发展方式为主线，是关系我国发展全局的战略抉择。要适应国内外经济形势新变化，加快形成新的经济发展方式，把推动发展的立足点转到提高质量和效益上来，着力激发各类市场主体发展新活力，着力增强创新驱动发展新动力，着力构建现代产业发展新体系，着力培育开放型经济发展新优势，使经济发展更多依靠内需特别是消费需求拉动，更多依靠现代服务业和战略性新兴产业带动，更多依靠科技进步、劳动者素质提高、管理创新驱动，更多依靠节约资源和循环经济推动，更多依靠城乡区域发展协调互动，不断增强长期发展后劲。

坚持走中国特色新型工业化、信息化、城镇化、农业现代化道路，推动信息化和工业化深度融合、工业化和城镇化良性互动、城镇化和农业现代化相互协调，促进工业化、信息化、城镇化、农业现代化同步发展。

第三节　推进社会主义经济和谐发展的方法

一、加快经济发展方式转变

转变经济发展方式是一项系统工程，目前应主要在两方面着手进行：

首先，政府是除了市场之外进行资源配置的主要力量，特别是各级地方政府的投资冲动对我国宏观经济过热和经济粗放式增长具有重要影响。因此，要从引导地方政府行为入手来推动我国经济发展方式的转变，真正把科学发展观落到实处，其关键在于建立科学的地方政府绩效考评体系，以形成良性的地方政府行为的激励和约束机制。为了让政府绩考评估真正发挥作用，遏制地方政府的投资冲动，科学的政府绩效评估要求我们必须改革现有的GDP核算制度，通过科学的绩效评价指标来正确地引导地方官员们的行为取向，使他们兼顾地方发展的经济效益、社会效益和环境效益。为此，应设计一套科学、规范的干部绩效考核指标体系，其中不仅要有经济发展速度指标，更要有经济发展的质量指标、社会效益指标和环保指标。

其次，为节约资源要素投入，加快转变经济发展方式，创造良好的市场环境。今后，应逐步推进以下五大资源领域的价格改革：一是全面推进水价改革。扩大水资源费征收范围，提高工业用水征收标准；推行面向农民的终端水价制度，逐步提高农业用水价格；全面开征污水处理费，使企业污染的社会成本内部化，并把污水处理收费标准适当提高到保本微利水平；合理提高水利工程和城市供水价格，鼓励居民节约用水。二是积极推进电价改革。要逐步建立起发电、售电价格由市场竞争形成，输电、配电价格实行政府管制的价格形成机制，将上网电价由政府制定逐步过渡到由市场供求关系决定。三是完善石油、天然气和煤炭三大化石能源的定价机制。在石油价格方面，应加大与国际能源市场价格接轨的力度，建立能综合考虑国际市场石油价格变化，国内市场供求、生产成本和社会各方面承受能力等因素的石油价格形成机制；逐步提高天然气价格。全面实现煤炭价格市场化，政府应从对煤价形成的干预转移到对煤炭企业的安全、环保等监管上来，建立煤电价格联动机制，通过市场化方式实现煤电价格的良性互动。四是完善土地价格形成机制，使土地价格真实反映土地资源的稀缺状况，以提高我国土地利用效率。严格限制行政划拨用地和协议出让土地数量，扩大经营性用地招标、拍卖、挂牌出让方式的范围。五是提高矿产品开采费率和价格。我国15万个矿山企业中仅有2万个左右的矿山企业是有偿取得矿山开采权的，其他绝大多数矿山是通过行政无偿授予获得的，因此导致我国矿产开采费较低。

二、提高自主创新能力

经济发展方式转变的本质是要提高经济增长中全要素生产率，而全要素生产率的提高依赖于技术进步和创新能力，因此，当前应着重建设创新型国家，提高自主创新能力。为此，要做好以下几方面：第一，在国家财税政策上，要保持科技收入稳定增长，特别是要重点保证各类国家级研发中心的财政投入，为技术创新提供充实的物质基础和财力保障。设立各类支持科技创新的专项基金，支持高等院校、研究机构和大中型企业建立研发中心，为小型企业的技术攻关提供财政支持。要实行鼓励企业自主创新的税收优惠政策，促使企业自主研发的技术和产品所占比重逐步增加。第二，要实行支持自主创新的政府采购政策，大力培育本土有竞争力的企业，在同等条件下，对采用先进技术的本土供货商优先采购；也可以利用财政风险投资或其他方式支持供货商进行技术创新，从而推动重点领域的技术创作。第三，加强技术创新基础设施建设，积极构建为企业技术创新提供信息咨询、市场开拓、筹资融资、借款担保、技术支持、人才培训的社会化服务体系。第四，实施科教兴国战略，加大教育投入力度。教育的目的在于提高全社会的人力资本存量，这既是推动经济发展的力量，也是我国全面建成小康社会发展目标的一部分。通过发展教育提高国民人力资本水平，使经济发展从以资源、资本等要素投入增加为驱动力的粗放增长型发展，转向依靠消费、投资、出口拉动，特别是主要依靠劳动者素质提高和技术创新为动力的协调集约型发展。

三、统筹城乡发展，推进社会主义新农村建设

解决好农业、农村、农民问题，事关推进我国经济和谐的大局，今后要进一步加强农业的基础地位，走中国特色农业现代化道路，建立以工促农、以城带乡的长效机制，形成城乡经济社会

发展一体化新格局。把发展现代农业、繁荣农村经济作为首要任务，加强农村基础设施建设，健全农村市场和农业服务体系。加大支农、惠农力度，严格保护耕地，增加农业投入，促进农业科技进步，增强农业综合生产能力，确保国家粮食安全。加强动植物疫病防控，提高农产品质量安全水平。

推进社会主义新农村建设的另一个关键任务是促进农民增收。目前导致我国城乡收入差距过大的一个主要原因是农民收入增长缓慢，而农民收入增长缓慢的原因又在于城乡二元经济结构的存在和农村产业化程度不高。所以解决城乡收入差距问题的根本出路在于实施城乡一体化发展战略，让大部分农民与土地分离开来，转移到其他产业，提高土地的规模化经营水平，发展农业专业化经营。具体来说，要做好以下四方面工作：

1. 实施农业产业化发展战略。从实际出发，因地制宜地发展优势农业和特色农业，调整农业产业结构。通过深化农村综合改革，推进农村金融体制改革和创新，引导资金、技术等生产要素向农村流动，形成支持农业产业化发展的长效机制。在完善家庭承包经营制的基础上，按照依法自愿有偿原则，健全土地承包经营权流转市场，引导土地资源的经营性流转，高规模经营水平。

2. 增加农民工的工资性收入，多渠道转移农民就业。进一步完善保障农民工合法权益的法律、政策，使农民工收入创造过程平等化，让他们能享受与城市职工一样的就业待遇。加大对农村人力资本投资的力度，对农民工进行培训，增加工作技能，从而提高其劳动力市场价格水平。

3. 加快小城镇建设，实现城乡一体化。大力发展特色农业和非农产业，改革现行的户籍管理制度，加快小城镇建设和农村的城市化进程，让更多的农民转为城市居民，分享农业产业化的发展成果。

4. 推进城乡公共服务一体化进程。由于长期以来我国农村公共服务方面欠账太多，导致目前城乡在教育、医疗卫生、文化和社会保障等方面的公共服务水平差距突出。为了促进城乡协调发展，必须要按照逐步实现基本公共服务均等化的要求，加快完善公共财政体制，加大公共财政向农村基础设施、教育和医疗卫生等方面的投入。

四、完善基本经济制度，健全现代市场体系

在现代市场经济条件下，市场机制是资源配置的主要手段，也是社会主义经济和谐发展的基础。今后应着重从几个方面进一步健全社会主义市场体系：

1. 坚持和完善公有制为主体，多种所有制经济共同发展的基本经济制度，在巩固和发展公有制经济的同时，鼓励、支持和引导非公有制经济发展，形成各种所有制经济平等竞争、相互促进的新格局。推进集体企业改革，发展多种形式的集体经济、合作

经济。破除体制障碍，促进个体、私营经济和中小企业发展，以现代产权制度为基础，发展混合所有制经济。

2. 加强法制建设，形成良好的市场运行法律秩序。市场经济是法制经济，市场经济要从总体上做到协调有序，必须要公正透明的政策和法规，通过严格执法来约束市场主体的经济行为，保护公平交易，打击不正当竞争行为。

3. 进一步消除地区壁垒，建设统一的国内大市场。目前，地方政府的某些地方保护措施导致市场分割，人为的市场壁垒使得市场这一资源配置的主要手段难以在全国范围内发挥作用。只有消除地区封锁，取消限制公平竞争的各种市场分割措施，打破行政性市场壁垒，建立公平的国内统一市场，才能促进各种要素资源在全国范围内的合理流动和产业转移，各地区才能发展适合自己的具有比较优势的产业，我国区域经济发展才能获得整体上的规模效益，为缩小地区经济发展差距创造条件。

4. 进一步与国际市场接轨。应该着眼于国内、国际两个市场的市场体系、市场规则的对接，当前最为重要的就是根据WTO规则对我国市场运行的法律法规进行适当的调整，如非歧视规则、透明性规则、市场开放规则、公平贸易规则等都是经济全球化条件下现代市场经济所必备的要素。在利用WTO规则规范和完善我国市场秩序的同时，还要树立经济安全意识，通过立法创新防范跨国公司的垄断风险、国际金融市场风险和贸易保护主义风险等我国经济的负面影响。

五、推动区域协调发展，优化国土开发格局

实现全国范围内的区域经济协调发展需要在中央政府和地方政府两个层面同时进行。首先，在中央政府层面，需要在以下三方面进一步深化改革：第一，改进财政转移支付的效果，促进全国各地区基本公共服务的均等化。在解决地区经济社会发展水平差距过大的问题时，中央政府应首先着眼于实现全国基本公共服务的均等化，使各地区社会公众都能够享受到最基本的公共服务。为此，需要进一步改革我国财政转移支付制度，加大对中西部地区财政转移支付的力度，实现各地区人均财力的均衡。第二，调整转移支付结构。借鉴国际上的经验，我国可在国家总体政策范围内对目前的财政转移支付结构进行调整，要逐步减少税收返还的比重。第三，加大在落后地区进行基础设施投资的力度。基础设施属于典型的公共产品，具有很大的正外部效应。扩大后发地区的基础设施建设，不仅可以为落后地区经济发展提供基本的配套条件，还可以带动关联产业的发展，为当地经济注入活力，提高落后地区的投资边际利润率，吸引外部要素资源的流入，提高整个国民经济的资源配置效率，从而培育新的"增长极"，带动整个区域的发展。

其次，在地方政府层面，要加强地方政府间的经济合作。

在我国现有经济体制框架内，市场机制的健康发育是我国区域经济协调的基础，而地方政府行为则是干预区域经济发展的主导力量。地方政府应强调"经济区"发展的重要性，实现地方政府行为目标从促进行政区经济发展向促进经济区经济发展的转变。地方政府的政绩考核、经济部门的目标管理，都要统筹经济区的经济发展，整合区内各种资源，打破行政地域界限，清除行政辖区的体制障碍，构建区域内统一的共同市场。近年来，我国主要沿海经济发达地区，如珠江三角洲、长江三角洲和环渤海经济圈在区域经济合作上作出了有益的尝试，积累了宝贵的区域合作经验。

六、拓展对外开放广度和深度，提高开放型经济水平

在经济全球化时代追求社会主义经济和谐要求我们必须坚持对外开放的基本国策，扩大开放领域，优化开放结构，提高开放质量，形成参与国际经济合作和竞争的新优势。我们进一步拓展对外开放的广度和深度，提高开放型经济水平。具体来说，要做好以下几方面工作：第一，深化沿海开放，加快内地开放，提升沿边开放，实现对内、对外开放相互促进。加快转变外贸增长方式，立足以质取胜，调整进出口商品结构，促进加工贸易的转型升级，增加一般贸易比重，大力发展服务贸易。第二，创新利用

外资方式，优化利用外资结构，发挥利用外资在推动自主创新、产业升级、区域协调等方面的作用。第三，继续优化投资环境，加强知识产权保护，鼓励外资研发机构与我国企业和科研院所开展技术合作，更好地发挥外资的技术溢出效应。第四，创新对外投资和合作方式，支持企业在研发、生产、销售等方面开展国际化经营，加快培育我国的跨国公司和国际知名品牌。第五，积极支持企业"走出去"，有序推动对外间接投资，逐步形成以企业和居民为主体的对外间接投资格局。第六，实施自由贸易区战略，加强双边、多边经贸合作。加入世贸组织五年后，我国面临的国际形势发生了深刻的变化，需要建立一个更加开放的经济体系，建设自由贸易区已成为提高我国对外开放水平，建设和谐世界的重要抓手。实施自由贸易区战略有助于拓展我国经济发展空间，保障资源供应，消除国际贸易和投资壁垒，改善我国经济发展的全球大环境。目前，我国商谈的自由贸易区有9个，涉及27个国家和地区。今后，应有步骤、有重点地推进自由贸易区谈判，逐步形成我国的全球自由贸易区合作网络。

第七章 什么样的文化是和谐的

第一节 你知道"文化和谐"吗

和谐社会是文化发展繁荣的社会，而文化发展繁荣是在文化和谐发展状态与过程中实现的。所谓文化和谐发展（或简称文化和谐）一是指文化同经济、政治、社会和生态文明建设等各方面相互协调、共同发展；二是指文化建设自身全面协调可持续发展；三是指不同国家、民族的文化和谐共生、共同发展繁荣。其中，文化建设自身全面协调可持续发展的要求，包括文化建设的城乡、区域结构合理；文化管理体制的适应性和对文化生产的引领、保障、促进作用；文化事业与文化产业的关系协调；各种文化门类、形式的全面协调发展；文化建设中先进与落后、传统与现代、主流与非主流、一体化与多元化等几大关系处理得当，文化生态健康、富有生机活力。文化和谐是和谐社会建设的重要组成部分。整个社会和谐，特别是文化和谐发展状态与过程，必然形成与和谐社会相适应的文化形态，即和谐文化。

和谐文化在人类历史上源远流长，经过漫长历史发展，才形成当今时代以人为本的和谐社会文化形态。其核心是崇尚和谐的理念与精神，构成人与人、人与社会、人与自然三者关系和谐的思想观念与行为规范。在社会主义条件下，必须培育人民群众共同的理想信念和良好的道德情操；必须加强马克思主义理论的研究和建设，坚持和巩固马克思主义理论在我国社会主义先进文化中的指导地位；必须大力弘扬以爱国主义为核心的民族精神和以改革创新为核心的时代精神，使全体人民始终保持昂扬向上、开拓进取的精神状态；必须积极实施公民道德建设工程，在全社会努力形成团结互助、平等友爱、共同前进的社会氛围和人际关系；必须加强社会主义先进文化建设，积极推进文化事业的全面繁荣和文化产业的快速发展。

第二节　我国文化发展中的小问题

当前我国改革发展的关键时期，也是一个政治、经济、文化、社会和生态文明建设发展还不协调，社会结构发生急剧分化和调整，各种社会矛盾冲突凸显的时期。这一时期文化建设的矛盾问题主要有：区域之间、城乡之间文化建设发展失衡，区域发展差距扩大导致文化建设发展的地区差距扩大；文化建设自身的结构失衡，公益性文化事业投入不足，新兴的文化产业规模小，质量不高，经营粗放，法治薄弱；近30年片面追求经济增长的发展方式以及市场机制的天然缺陷，使得文化建设发展滞后，全社会出现科学人文精神迷失的危机；社会财富和收入分配机制上公平正义缺失，引发社会思想文化冲突，种种传统社会的消极腐朽价值观回归发酵。

第三节　推进社会主义文化和谐发展的方法

一、共同的理想信念和良好的道德规范是构建社会主义和谐社会的精神动力

（一）共同的理想信念为构建社会主义和谐社会指明了方向和奋斗目标。

理想，作为一种精神现象，是在对社会现实及其发展规律认识的基础上形成的，具有实现可能性的对未来的向往和追求。理想的核心内容是社会理想。社会理想是指全体社会成员的共同理想，是全社会占主导地位的共同奋斗目标。构建社会主义和谐

社会，是党领导人民群众的伟大实践，也是全体中国人民的共同理想。一个十几亿人口的大国，如果没有共同的理想信念这种明确的发展方向和奋斗目标，每个人都为了个人利益的最大化而相互倾轧，为了达到自私的目的而不择手段，社会主义和谐社会建设就会是一句空话。建设中国特色社会主义，实现中华民族的伟大复兴，把我国建设成为富强、民主、文明的社会主义现代化国家，就是现阶段我国各民族人民共同的理想信念，代表了中国各民族人民的根本利益和要求，从而使社会各阶层、各群体在这样的目标下团结起来，共同行动，为社会主义和谐社会的建设提供基本的前提和条件。

（二）良好的道德规范为构建社会主义和谐社会提供科学的行为准则

道德不仅是和谐社会的基础，而且本身就是和谐社会的内容。从和谐社会的特征上看，民主法治、公平正义、诚信友爱、充满活力、安定有序、人与自然和谐相处等都体现着道德的精神与价值。公平正义、诚信友爱本身就是道德规范，充满活力、安定有序是道德规范作用的必然结果，民主法治建设、人与自然和谐相处必然借助于道德的力量才能真正变成现实。从社会关系上看，和谐社会包括人与自然的和谐，人与人的和谐，人与社会的和谐，而诸种关系必须依赖于良好的道德规范，只有在社会主义道德规范的调节下，才能步入良性循环状态，从而达到社会的全面和谐。从和谐社会的内容上来看，物质文明、精神文明、政治文明、社会文明、生态文明是相互联系、相互作用的统一体，社会中没有专门的道德领域，道德寄存于政治、经济、文化、社会生活领域中。因此，不论是政治实践活动、经济实践活动，还是文化实践活动以及社会实践活动都是道德的道场，其中都会显示道德的价值和意义。可见，和谐社会的构建无论如何不能缺少道德因素，缺少道德因素，别说是构建和谐社会，甚至连社会本身的存在都是无法想象的。因为，规范性是道德本身的属性，良好的道德存在于社会之中，使人懂得什么行为是应当的、是善的，什么行为是禁止的、是恶的，从而使人们在自己心中确立行为的准则，最终达到关系的和谐、社会整体的有序和安定。

二、建设社会主义核心价值体系，发挥对和谐社会的导向作用

党的十八大报告明确指出：社会主义核心价值体系是兴国之魂，决定着中国特色社会主义发展方向。要深入开展社会主义核心价值体系学习教育，用社会主义核心价值体系引领社会思潮、凝聚社会共识。推进马克思主义中国化时代化大众化，坚持不懈用中国特色社会主义理论体系武装全党、教育人民，深入实施马克思主义理论研究和建设工程，建设哲学社会科学创新体系，推

动中国特色社会主义理论体系进教材进课堂进头脑。广泛开展理想信念教育，把广大人民团结凝聚在中国特色社会主义伟大旗帜之下。大力弘扬民族精神和时代精神，深入开展爱国主义、集体主义、社会主义教育，丰富人民精神世界，增强人民精神力量。倡导富强、民主、文明、和谐，倡导自由、平等、公正、法治，倡导爱国、敬业、诚信、友善，积极培育和践行社会主义核心价值观。牢牢掌握意识形态工作领导权和主导权，坚持正确导向，提高引导能力，壮大主流思想舆论。

建设社会主义核心价值体系，必须在充分认识其对构建社会主义和谐社会重大意义的基础上，全面把握其基本内容。六中全会《决定》明确将马克思主义指导思想、中国特色社会主义共同理想、以爱国主义为核心的民族精神和以改革创新为核心的时代精神、社会主义荣辱观概括为社会主义核心价值体系的基本内容。这一概括非常科学，既突出了我们党和国家的指导思想，又强调了社会主义理想信念的重要作用；既继承吸收了中国文化的优秀传统，又结合当今社会主义精神文明的本质特征，指明了社会主义核心价值体系建设的主要任务。对此，我们应予以全面把握，突出重点、抓住根本。

建设社会主义核心价值体系必须坚持马克思主义指导思想。马克思主义是我们立党立国的根本指导思想，是构建社会主义和谐社会的强大思想武器。当前，我国意识形态领域面临着新形势、新挑战，更要坚持和巩固马克思主义在意识形态领域的指导地位。党的十六大以来，以胡锦涛同志为总书记的党中央，高举邓小平理论和"三个代表"重要思想的伟大旗帜，紧密结合新世纪新阶段国际国内形势的发展变化，坚持理论创新和实践创新，提出了以科学发展观为核心的一系列重大战略思想和重大战略任务，在新的历史条件下坚持、丰富和发展了马克思主义，为我们党带领全国人民从容应对挑战、有效化解风险、开拓新的局面、实现共同目标提供了行动指南。建设社会主义核心价值体系，巩固马克思主义的指导地位，打牢建设和谐社会的共同思想基础，最根本的就是要高举邓小平理论和"三个代表"重要思想伟大旗帜不动摇，坚持用科学发展观这一马克思主义中国化的最新成果武装全党、教育人民。

建设社会主义核心价值体系必须树立中国特色社会主义共同理想。胡锦涛总书记强调："要在全体人民中牢固树立社会主义核心价值体系,用中国特色社会主义共同理想激励广大党员、干部和人民群众，不断巩固全党全国各族人民团结奋斗的共同思想基础。"中国特色社会主义集中反映了我国工人、农民、知识分子和其他劳动者、爱国者的利益、愿望和要求，是整个社会主义初级阶段乃至以后更高发展阶段我国各族人民的共同理想，是实现中华民族伟大复兴的必由之路。构建和谐社会，就是要在推进中国特色社会主义事业的历史进程中实现社会和谐，在社会和谐中推进中国特色社会主义事业。中国特色社会主义的成功实践，为实现中华民族的伟大复兴打开了广阔的道路，奠定了坚实的基础。在我国改革开放和现代化建设的新时期、新阶段，只有树立中国特色社会主义这一共同理想，才能进一步把全国人民的智慧和力量凝聚到加快改革开放和现代化建设的伟大实践上来，党的事业才有无往而不胜的力量源泉，从而顺利实现构建和谐社会的历史任务。

建设社会主义核心价值体系必须弘扬以爱国主义为核心的民族精神和以改革创新为核心的时代精神。民族精神是中华民族生生不息、薪火相传的精神支撑，是维护国家团结统一、鼓舞人们奋发进取的精神旗帜。建设社会主义核心价值体系必须始终高举爱国主义的旗帜，把弘扬民族精神贯穿于构建社会主义和谐社会的全过程，不断增强每个公民对国家的认同感、归属感，增强全国人民的爱国意识、团结意识和发展意识，增强全民族的自尊心、自信心和自豪感。以改革创新为核心的时代精神是当代中国人民精神风貌的集中写照和不断创造崭新业绩的力量源泉。建设社会主义核心价值体系，构建社会主义和谐社会是一项前无古人的创造性事业，只有大力弘扬时代精神，才能使全体人民始终保持昂扬向上的精神状态，战胜前进道路上的各种风险和考验。

在不断发展的道路上，我们遇到过许多艰难险阻，但我们都没有屈服，而且勇敢地战胜了所有困苦。2008年5月12日14时25

分，四川汶川发生大地震。绵竹市消防大队队长陈军带领消防中队第一时间赶往武都小学实施救援。武都小学的教学楼坍塌了大半部分，下面至少埋压了100多名师生。虽然没有救援工具，但战士们很快徒手展开救援。19岁的荆利杰第一个奔向了废墟，开始了长达3天时间的救援。余震不断发生，钢筋和楼板摇摇欲坠，残存的墙体时不时往下掉，荆利杰全然不顾。手掌磨破了，手指头出血了，脚底被钢筋刺破了，荆利杰却一刻也没有停下来。13日，上天落泪了。雨中，荆利杰和战友们仍然没有停歇。

13日10时许，就在抢救到最关键的时候，突然教学楼的废墟在余震和吊车的操作中发生了巨大的晃动，楼板在摇，墙体在垮……"二次坍塌！危险！快撤！"消防指挥部下达了命令。荆利杰从废墟中钻了出来。就在此时，他听到废墟中有个男孩在呼救！他转身就要奔向废墟，余震再次袭来，并引发了更大面积的坍塌。战友们和群众把荆利杰死死拉住，拖到了安全地带。荆利杰跪在了地上。就在跪下去的那一瞬间，他哭着大喊："我知道很危险，我知道进去了就可能回不来，但是求求你们，让我再去救一个吧！我还能再救一个！"现场所有人都哭了……

荆利杰本人说过，自己不知道到底救了多少人，但是他脑海里想的唯一一件事就是：救人，赶快救人！

建设社会主义核心价值体系必须倡导以"八荣八耻"为主要内容的社会主义荣辱观。以"八荣八耻"为主要内容的社会主义荣辱观，涵盖爱国主义、集体主义、社会主义思想，体现中华民族传统美德和时代要求，反映社会主义世界观、人生观、价值观，明确了当代中国最基本的价值取向和行为准则，是马克思主义道德观的精辟概括，是新时期社会主义道德规范的系统总结，是以人为本、全面协调可持续科学发展观的重要组成部分，是新形势下社会主义思想道德建设的重要指导方针。我们必须从贯彻落实科学发展观，构建社会主义和谐社会的战略高度，大力倡导以"八荣八耻"为主要内容的社会主义荣辱观。

2006年2月20日，上海70多岁患有肺癌的老人朱祥林前往医院复检，在公交车上，老人持癌症病历苦苦哀求只为有人能够让一座位，最终得到的却是满车冷漠的眼神。据朱祥林的老伴介绍，自去年9月，老朱手术出院后，每两周复检一次的公交旅途，总是这样一座难求。

2006年春节，杭州一家餐馆推出标价19.8万元年夜饭。据说，这桌"天价"年夜饭的原材料包括超大吕宋黄胶翅、日本大网鲍、特级鱼唇和鳖鱼肚等海鲜名品，酒水则为限量版五粮液和陈年的绍兴花雕。有关研究报告显示，2004年，中国奢侈品消费额约占全球销售额的12%，成为世界第三大奢侈品消费国。一些国际驰名的奢侈品品牌在中国市场的增长率连年保持在80%以上，远远高于10%左右的全球增长率。

这些现象与构建和谐社会、建设尊老爱幼、资源节约型社会的要求背道而驰，必须引起社会高度警觉。如今，个人主义、拜金主义、享乐主义的浊流侵蚀着社会的健康肌体，一些人自私自利、奢侈浪费，与社会主流格格不入，成为丧失理想信念的"寄生虫"。因此，必须树立社会主义荣辱观，着重加强公民的法律意识、道德意识以及信仰意识教育，这样才能构建社会主义和谐社会。

三、实施公民道德建设工程，构建社会主义和谐社会

社会主义和谐社会需要人与人关系的和谐、人与社会关系的和谐以及人与自然关系的和谐，而要实现这三种关系的和谐需要道德的支撑，需要大力加强公民道德建设。公民道德建设不仅为处理人与人之间、人与社会之间、人与自然之间的关系提供了一种合理的行为准则，而且可以通过公民道德人格的塑造为人们真正践行道德行为准则提供一种内在的精神力量，从而推动社会主义和谐社会的建设和完善。

1. 弘扬社会主义道德主旋律，坚持正确的社会主义道德价值导向。道德导向，就是运用宣传、舆论工具对社会生活中的多种价值类型和道德行为做出合乎时代要求的道德价值的定向引导。在社会主义市场经济条件下，面对多元化的经济成分并存、多元化的价值取向并存的情况，必须弘扬社会主义道德主旋律，坚持

正确的社会主义道德价值导向。就我国现阶段的道德状况来看，除了社会主义道德占据主导地位之外，非社会主义道德观念还有很大的市场。一方面，由于我们国家有着长久的封建文化的传统，其等级观念、专制意识、权力拜物教等不良思想仍然使封建主义道德对我们今天的社会生活产生着消极的影响。另一方面，由于市场经济体制的确立，虽然它高扬了利益的价值，刺激了人们对物质利益的追求，但也在一定的程度上淡化了人们的精神追求与道德进步。因此，我们必须坚定不移地倡导社会主义道德价值观，弘扬社会主义道德主旋律，使人们确立社会主义道德信念，培养人们良好的社会主义道德人格，推动社会主义和谐社会的建设与完善。

2. 抓好领导干部政治道德与职业道德建设，选准公民道德建设的突破口。古人云"楚王好细腰，宫中多饿死""上好紫则下皆女服，上好剑则士皆曼胡"。这些都说明上有所好下有所趋。目前，在领导干部队伍中，有一些人忘记了党的宗旨，缺乏共产主义道德理想和信念；对人民群众的冷暖不闻不问、漠不关心，缺乏无产阶级道德情感；对资本主义道德观念不自觉抵制、麻木不仁，缺乏是非观念；用人上不是五湖四海，而是任人唯亲、拉帮结派；工作中不求有功但求无过，缺乏事业心。也有的人钱字当头，崇尚拜金主义；不给好处不办事，给了好处乱办事；吃拿卡要、贪污受贿甚至是敲诈勒索、贪赃枉法。还有的人在生活作风上追求小资情调；大吃大喝，铺张浪费；公款旅游，游山玩水；歌厅舞厅，灯红酒绿；以权谋色，道德败坏，不一而足。总之，有些领导干部不仅没有充分发挥榜样的良好示范作用，反而对不良社会道德风气起着推波助澜的作用，导致了政群关系、党群关系的不和谐甚至是扭曲。因此，我们要强调领导干部个人的德性，只有重塑领导干部的道德人格，才能充分发挥主观能动性，增强领导干部道德修养的自觉性，才能超越体制、制度、环境等外在因素的制约，提升自己的道德境界，也才能最终端正党风，进而带动社会风气的根本好转，为实现社会主义和谐社会打下良好的道德基础。

3. 通过多种渠道和多种方式强化公民道德教育的实效。道德教育，是指一定的社会或阶级依据一定的道德原则、道德规范有组织、有计划地对人们施加系统道德影响的活动。加强公民道德教育、提高全民族的道德素质，是构建社会主义和谐社会的迫切需要。首先，公民道德教育要做到内容的科学化与手段的多样化相结合。从内容上看，公民道德教育有自己的规律，有自己特定的教育内容。从手段上看，一方面要继承过去行之有效的好做法、好经验，对于传统的报告会、辩论会、座谈会、看电视等形式要继续发挥应有的作用；另一方面又要不断探索有效的新教育途径和载体。其次，党政部门与工会、共青团、妇联、残联、工商联等群众团体要齐抓共管形成合力。通过这些桥梁开展道德教育，容易收到比较好的实效。最后，家庭、学校、单位、社区要形成联动之势营造良好的道德氛围。家庭、学校、单位、社区的联动就在于我们不但要保留而且也要扩充我们道德教育中的优秀成果，充分培育人们心中美好的东西，养其"浩然之气"，使人们不断地积小善成大善，积个人之善成就社会之善。

4. 完善公民道德建设的监督机制。道德监督，是通过不同方式检查、纠正道德主体在道德活动中的言行。道德监督是维护社会道德秩序的有力机制，其形式主要是社会舆论与良心，前者体现为对道德主体的社会监督或外部监督，后者体现为道德主体的自我监督或内在监督。首先，充分发挥媒体的作用。不论是目前的社会生活存在的道德问题，还是今后道德建设的完善，媒体都已经或者必将发挥着重要作用。报刊、广电作为传统的平面与立体媒体，要持续地充分发挥作用；另外，要充分重视网络这种新兴媒体的作用，在全国，网民数量在呈几何级数增长，计算机网络已经成为人们获取信息的重要途径，数字化生存已经成为人们的重要生活方式。因此，我们必须抢占网络媒体舆论的制高点，形成良好的强大的网络道德舆论攻势。其次，注重培养人们的社会良心。良心，是道德主体的内心深处以内在的道德法则的形式沉淀下来的人的道德自制能力。它在道德监督中发挥着重要作用。在道德行为前，良心对于道德行为给予鼓励，对不道德行为则予以制止；在道德行为过程中，良心随时督促道德主体按照良心的要求行动，一旦发现道德主体在道德行为过程中有偏离现象，良心就会发出禁止信号，迫使道德主体回归正确的方向；道德行为结束后，对合乎良心的道德行为给予心理的安慰，使道德主体有种崇高感与尊严感，而对于违背良心的道德行为给予心理的谴责，使道德主体陷入难以自拔的痛苦与忏悔。

第八章　什么样的社会是和谐的

第一节　你知道"社会和谐"吗

本章讨论社会和谐问题时所指的"社会"，是狭义的社会概念，包括社会结构、社会关系、社会事业、社会管理等方面内容。所谓社会和谐，是指社会结构协调合理、社会关系中各种矛盾能有效调和化解，各项社会事业与社会管理同经济、政治、文化、生态文明建设等相互协调、和谐发展的状态与过程。这样的状态与过程必然要求民主法治、公平正义、诚信友爱、充满活力、安定有序、人与自然和谐相处。显然，社会和谐同经济、政治、文化、生态文明建设等领域和谐发展紧密相关，相互渗透、相互促进、相互制约，是整个和谐社会的集中体现与核心内容。

第二节　我国社会建设中的小矛盾

经过近30年的改革发展，经济体制深刻变革，社会结构深刻变动，利益格局深刻调整，思想观念深刻变化，我国进入了社会转型的关键时期。在这一社会结构与社会体制新旧交替的关键时期，社会建设和管理领域凸显出诸多新的矛盾和问题。

一、社会结构发生深刻变化问题

改革开放30年，我国社会流动和社会分化的加速，推动社会阶级阶层结构也发生了重大变化。经济非农化和人口城镇化不断扩大非农就业领域，提升职业结构的层级，形成更大的非农就业空间和职业升迁空间，从而为社会流动创造了客观条件和需要。市场化的推进，所有制结构的重组，劳动关系结构的变革，以及以按劳分配为主、多种分配方式并存的利益关系格局的形成，使得不同职业角色占有不同的社会资源，包括经济资源、文化资源和组织资源，享有不同的综合收益，从而拥有差别化的经济社会综合地位，形成社会经济地位的分化。这种社会分化带来了社会阶级阶层结构的改变。目前，我国的社会阶级阶层结构，大体可以如下：国家与社会管理者、经理人员、私营企业主、专业技术人员、办事人员、个体、商户、商业服务业员工、产业工人、农业劳动者以及无业、失业、半失业人员。

二、当前收入分配格局及其矛盾问题

1. 居民收入差距扩大，并呈继续扩大趋势，分配格局失衡导致我国部分社会财富向少数人集中，收入差距已超过基尼系数标志的警戒线。同时，居民收入差距仍主要表现为城乡和地区差距。我国的居民收入差距表现为以下四个方面：城乡差距、地区差距、城镇居民收入差距、农村居民收入差距。

年轻的陈娜来自河北农村，在北京一家小区的擦鞋店打工，每月能挣800多块钱。"我们村好多人都出来打工了，留在家里的全是老人和小孩。"陈娜的父亲和叔叔都在北京郊区的家具厂干活，每个月有1000多块钱的收入，是在家务农的好几倍。在陈娜看来，外出打工虽然辛苦，但收入高，"苦点儿累点儿也比在家种地强！"

3. 劳动力要素呈下降趋势，土地、资本、资源等要素则迅速跃升，发挥了巨大的财富调整力量。在宪法上我国的分配制度是以按劳分配为主体，多种分配方式并存。但近30年来，房地产、矿产、金融证券等资本密集型行业成为最赚钱的暴利行业。特别是房地产业已成为社会财富的主要集中地之一。随着房价暴涨，"没有房子的人"被远远甩在财富大门之外。近些年来资本市场的"火热"，使得财富分配领域的贫富"马太效应"日益凸显。

4. 不同收入群体分布形态不理想，呈不规则的陀螺形。在我国不同收入群体的分布中具有中等和中等偏上收入的群体比重相对较少，共计不到总人口的1/3，无法构成一个稳定、庞大的中产阶层；低收入和中等偏下收入比重相对过大，接近总人口的2/3；而少数高收入者收入水平提高较快。这样一种"陀螺形"的收入群体分布结构，容易造成人们对收入差距拉大的心理失衡。由于中低收入者和低收入者居多数，他们对巨额的财富、豪华的生活、奢侈的享受与自己低收入生活形成的强烈反差不满，是当前调整收入分配格局中要重点解决的问题。

5. 总体收入差距偏大与部分行业、部分领域收入差距过小并存，白、黑、灰、血、金"五色"收入并存。所谓"白色"收入指正常的工资福利等合法收入。所谓"黑色"收入，指通过贪污、受贿、偷盗、抢劫、欺诈、贩毒、走私等获得的非法收入。所谓"灰色"收入，指常规工资福利外收入，又有合法与不合法之分。所谓"血色"收入，指那些突破人类文明底线，以牺牲他人的生命和鲜血榨取的收入，如黑砖窑、黑煤窑等。所谓"金色"收入，指利用股票、房地产、期货、黄金等资本获得的收益，即财产性收入，已成为我国高收入人群的一种重要收入形式。

三、当前社会管理体制转型与机制发育中的矛盾问题

改革开放以来，我国政府不断改革和完善社会管理体制，

取得了显著成效。但从总体上说，目前我国社会管理职能还不能完全适应市场经济发展和社会全面进步的要求，存在一些突出问题：一是社会发展与政府社会服务滞后于经济市场化和全球化的进程，社会事业发展较慢，社会保障体系很不健全，社会保障覆盖率低；二是经济社会快速发展的过程中，出现了贫富差距扩大，不同社会阶层之间的利益矛盾冲突增多，社会治安形势严峻，基层社会管理制度不适应形势需要；三是政府的社会管理体制改革滞后，各类社会中介组织发育缓慢，尚未成为从政府职能转移出来的社会管理功能的载体，民间组织参与社会管理的作用尚未得到充分发挥，社会资本的开发利用不足，社会自我组织管理能力不强等。这些问题表明我国传统的"强政府，弱社会"的社会管理体制机制还远未改变，社会管理体制改革转型任重道远。

第三节　推进社会主义社会和谐建设的方法

针对30多年来我国经济社会发展存在的"一条腿长、一条腿短"问题，党的十七大提出了实现全面建设小康社会奋斗目标在社会建设方面的新要求：我们要加快发展社会事业，全面改善人民生活。现代国民教育体系更加完善，终身教育体系基本形成，全民受教育程度和创新人才培养水平明显提高。社会就业更加充分。覆盖城乡居民的社会保障体系基本建立，人人享有基本生活保障。合理有序的收入分配格局基本形成，中等收入者占多数，绝对贫困现象基本消除。人人享有基本医疗卫生服务，社会管理体系更加健全。为了贯彻落实上述要求，十七大提出了社会建设的奋斗目标：必须在经济发展的基础上，更加注重社会建设，着力保障和改善民生，推进社会体制改革，扩大公共服务，完善社会管理，促进社会公平正义，努力使全体人民学有所教、劳有所得、病有所医、老有所养、住有所居，推动建设和谐社会。

一、优先发展教育，建设人力资源强国

党的十七大报告明确提出要优先发展教育、建设人力资源强国，这是党中央在新的历史阶段为进一步实施科教兴国战略和人才强国战略提出的新的重大战略目标。在十八大报告中，教育也被重点提及，报告中明确指出，要"努力办好人民满意的教育。教育是民族振兴和社会进步的基石。要坚持教育优先发展，全面贯彻党的教育方针，坚持教育为社会主义现代化建设服务、为人民服务，把立德树人作为教育的根本任务，培养德智体美全面发展的社会主义建设者和接班人。全面实施素质教育，深化教育领域综合改革，着力提高教育质量，培养学生社会责任感、创新精神、实践能力。办好学前教育，均衡发展九年义务教育，基本普及高中阶段教育，加快发展现代职业教育，推动高等教育内

涵式发展，积极发展继续教育，完善终身教育体系，建设学习型社会。大力促进教育公平，合理配置教育资源，重点向农村、边远、贫困、民族地区倾斜，支持特殊教育，提高家庭经济困难学生资助水平，积极推动农民工子女平等接受教育，让每个孩子都能成为有用之才。鼓励引导社会力量兴办教育。加强教师队伍建设，提高师德水平和业务能力，增强教师教书育人的荣誉感和责任感。"为了实现"优先发展教育，建设人力资源强国"的目标，我们必须做好以下几个方面的工作：

1. 全面贯彻党的教育方针。要坚持育人为本、德育为先，培养德、智、体、美全面发展的社会主义建设者和接班人。发展教育的根本任务是培养人，提高全体国民素质，包括思想道德素质、科学文化素质、身体素质、心理素质和劳动技能素质。特别要切实加强德育工作，把思想道德素质放在首要位置，促进人的全面发展。

2. 优化教育结构。要坚持按照教育发展规律和经济社会发展的需要，优化教育资源配置，使教育在发展中缩小差距，增加公平。在不同层次的教育中，促进义务教育均衡发展，加快普及高中阶段教育，大力发展职业教育，提高高等教育质量，重视学前教育，关心特殊教育，形成各级各类教育全面协调可持续发展的良好格局。

3. 推进教育改革创新，特别是要更新教育观念，改进人才培养模式。在改革创新中不断深化教学内容和方式、考试招生制度、质量评价制度等改革，减轻中小学生课业负担，注重培养学生的独立思考能力、创造能力和就业能力、创业能力，推进教育教学与生产劳动和社会实践的紧密结合，全面提高教育质量和水平。

4. 坚持教育公益性质。教育的发展，事关社会公共利益，对全体国民，对国家和民族现在和未来具有重大影响，对此，政府负有义不容辞的重要责任。因此，在加大财政对教育投入的同时，还要进一步加强和完善教育立法，规范教育收费，坚决打击教育领域中的各种犯罪行为，健全公共财政投入和保障机制，以法律来保障为全体国民提供接受良好教育的机会和条件，扶持贫困地区、民族地区教育，健全学生资助制度，保障经济困难家庭子女、进城务工人员子女平等接受义务教育。鼓励和规范社会力量兴办教育，以全面发展教育事业，保障教育公平的实现。

二、实施扩大就业的发展战略

当前我国扩大就业的主要任务就是要实施积极的创业政策，完善市场创业机制，不断扩大创业规模和就业渠道，改善创业结构，并引导人们树立正确的就业观，使更多的城市失业者(包括高校毕业生)、农村富余劳动力、失地农民等有创业的机会，有合法的创业渠道，并通过艰苦勤奋的努力，不仅能够使自己成为自食其力之人，还能在创业的过程中创造更多的就业岗位，解决更多人的就业问题。

实施扩大创业战略，大力推进各项相关工作的开展。就业关系到千家万户，因此，要大力支持人们自主创业、自谋职业，不断发展新的职业，拓宽各种就业渠道，使更多劳动者成为创业者。无论在城市，还是在农村，政府都要努力为创业者提供良好的政策和服务。在扩大就业的同时，还要加强就业宏观管理，有效调控失业。

要继续发展全民教育和终身教育，健全面向全体劳动者的创业教育培训制度，使每一个人都拥有受教育、受培训的权利和机会，不断提高人们的教育素质和从业技能。要将农村富余劳动力和城市失业者的就业培训作为基本任务来抓，并建立各类就业、创业培训基地，使从农业中转移出来的劳动力和城镇失业人员带着新知识、新技能转入新的、更适合自己的工作岗位。对高校毕业生，要引导其树立正确的就业观和创业观，脚踏实地深入进行社会实践，不断磨炼自己，并用自身的知识和技能来迎接新挑战。

建立统一规范的人力资源市场，形成全体劳动者平等就业、创业的制度。要打破地方保护主义，最终彻底废除人为限制就业和创业的各种障碍。首先要在一些大中型城市中进行试点和突破。以往针对流动人口或外来人口的各种歧视性就业与创业政策和各种名目繁多的人口管理政策，都应当逐步取消和规范统一；要坚持科学发展观，大力改善农民工进城就业的环境，最终使每个公民都能够在自己的国土上自由流动和迁移，都能享受到公民应有的平等的就业权、居住权等各项权利。完善面向所有困难群众的就业和创业援助制度。所有有能力就业的人都应享受就业，在就业及再就业上我们不能漏掉任何一个困难的家庭和群众。对待所有有困难的家庭和群众，应当有必要的援助。

通过政府和各种媒体的广泛宣传，引导广大群众转变就业观念，促进多种形式就业，鼓励劳动者自主创业和自谋职业，并以创业带动就业。通过扶持政策引导，鼓励企业吸纳下岗失业人员实现再就业。

三、深化收入分配制度改革

党的十七大提出，要加快推进以改善民生为重点的社会建设，必须深化收入分配制度改革，增加城乡居民收入。深化收入分配制度改革，应从以下四个方面进行：

1. 扭转收入差距扩大趋势。国民收入差距过大，是当前群众普遍议论的问题。基尼系数过大，除私营企业主收入较高外，还有两种情况，一是部分掌握权力的人利用手中的权力，官商勾结，获取非法收入；二是一些垄断行业，凭借垄断利润，职工收入很高，这类企业在企业内部高低收入差距往往也比较大。按照十七大报告精神，应该整顿分配秩序，加大调节力度，逐步扭转收入分配差距扩大趋势。要保护合法收入，调节过高收入，取缔非法收入，打破垄断经营，创造机会公平，建立收入分配的阳光政策。

2. 扩大中等收入者比重。十七大报告提出的居民收入理想分配格局，即是高收入与低收入均占少数，中等收入应占多数，呈橄榄形状态。扩大中等收入者比重是现代化发展的必然趋势和全面建设小康社会、实现共同富裕的客观需要。中国全面建设小康社会，就是要扩大中等收入者比重，使全国大多数人的生活水平都达到世界中等收入国家人均GDP3000美元的水平。扩大中等收入者比重显然不是要降低高收入者合法的税后收入，把高收入者拉回到中等收入者的行列，更不是要劫富济贫，而是要提高大多数低收入人群的收入水平，使更多的低收入者进入中等收入者的行列，让更多的贫困人口走上富裕之路，最终实现共同富裕。可见，从一部分人先富起来到扩大中等收入者比重，使中国进入了实现共同富裕目标的一个新阶段。

要让老百姓过上富裕幸福生活，首先要让他们的"钱袋子"鼓起来。为此，江苏宿迁曾提出：到2015年，全市城镇居民人均可支配收入、农民人均纯收入分别达到22700元和12400元。2005年，宿迁市城镇居民人均可支配收入、农民人均纯收入分别为7212元和3839元，而经过连续8年的持续增长，这两项指标已分别达到14972元和8344元，提前一年基本消除绝对贫困现象。

曾有记者报道过宿城区屠园乡陈海村前海组返乡青年陈旺，在返乡创业政策支持、财政支持的激励下，率先投入自主创新创业的事迹。他凭着在无锡务工多年学到的一手技术和积攒起来的部分资金，在乡工业园区建了近2000平方米的标准厂房，建起屠园乡第一家由返乡农民工创办的旺盛机械厂，专门生产各种型号的小型混凝土搅拌机。投产以来，陈旺南来北往地跑，采购材料，推销产品，赢得了100多家客户。他指着准备装车外销的30台搅拌机，自信地说："只要选准项目，产品适销对路，市场大着呢！"目前，旺盛机械厂一年的利润近100万元，销售收入近2000万元。

四、建立覆盖城乡居民的社会保障体系

党的十七大报告指出，要以社会保险、社会救助、社会福利为基础，以基本养老、基本医疗、最低生活保障制度为重点，以慈善事业、商业保险为补充，加快完善社会保障体系。按照十七大报告的精神，建立覆盖城乡居民的社会保障体系，应从以下三个方面进行：

1. 努力扩大覆盖范围，让更多的人享有社会保障。经过30多年的改革和探索，我国形成了以养老、医疗、失业、工伤、生育保险和城市居民最低生活保障制度为主要内容的社会保障体系，

但覆盖面窄的问题仍然十分突出，建立覆盖城乡的社会保障体系，就是要统筹考虑城乡社会保障制度，逐步将各类人群纳入覆盖范围，实现城乡统筹和应保尽保。但城乡发展水平不同，城乡居民在现阶段享有的保障项目和保障水平会有所区别，不可能是一个标准。在城镇，应当继续完善养老、医疗、失业、工伤、生育保险制度，逐步把各类职工和灵活就业人员都纳入覆盖范围，同时抓紧建立城镇居民医疗保险和农民工社会保险制度，加紧研究制定城镇没有参加养老保险的困难集体、企业和无工作老年人的基本生活保障办法。在农村，应当全面建立农村最低生活保障制度，进一步推进新型农村合作医疗，探索农村社会养老保险制度，建立与家庭保障、土地保障相结合的保障体系。当前，要特别注意解决被征地农民的就业和社会保障问题，做到即征即保，确保他们的生活水平不因征地而降低。

2. 建立多层次的社会保障体系，逐步提高保障水平。近年来，我国GDP年均增长10%以上，财政收入增长接近20%，职工工资增长较快，而退休人员基本养老金水平仍然较低，群众"看病难""看病贵"的问题还没有得到较好解决，最低生活保障、新型农村合作医疗、社会救助的标准也都较低。因此，在扩大覆盖面的同时，不断提高社会保障水平，是广大人民群众共享改革发展成果的需要。从制度层面讲，一是要建立参保缴费与待遇挂钩的激励约束机制，鼓励人们参保缴费；二是要建立多层次的保障体系；三是要建立根据经济发展、职工工资、物价变动等情况，适时调整和提高保障水平。当然，保障水平的高低归根结底取决于经济发展水平。保障过高，就会超出经济发展水平和各方面的承受能力，实际上难以做到；保障过低，又难以保障居民的基本生活，社会保障的作用便不能得到有效发挥。

3. 加强社会保障基金的筹集和管理，不断提高支撑能力和安全程度。当前，我国要扩大覆盖面和提高保障水平，必须进一步加强基金征缴工作，充分发挥其主渠道作用，同时要建立公共财政体制，不断加大财政对社会保障的投入力度。近年来，社会保障基金规模快速增长，管理制度不断完善，基金安全程度逐步提高，基金管理的总体情况是好的。但是，仍然有一些地方没有严格执行国家政策规定，社会保障基金管理不规范问题比较突出，有的甚至挤占挪用基金。现阶段，要进一步加强监管工作，建立健全内部控制制度、信息披露制度和要情报告制度，完善社会保障监督委员会的工作机制，加强监督队伍建设，开展基金安全教育活动，加大监督检查力度，发挥行政监督、专门监督和社会监督的协同作用，形成人人关心基金安全、重视基金安全、维护基金安全的社会氛围。在社会保险基金中，养老保险个人账户基金是长期积累型基金，能否做到保值增值，间接影响到职工退休后的保障水平，也关系到未来的支付能力。随着个人账户逐步做实，要制定基金投资管理办法，既支持资本市场发展，又确保获得较好的收益，避免基金贬值。

五、建立基本医疗卫生制度

党的十七大报告提出，要"建立基本医疗卫生制度，提高全民健康水平"。全民健康水平不断提高，是人民生活质量改善的重要标志，是中国特色社会主义现代化建设的重要目标。从制度上保障人民健康，是人民群众最关心、最希望解决的现实问题之一，是党和政府义不容辞的责任。

1. 建立基本医疗卫生制度，是全面建设小康社会、促进社会和谐的内在要求。目前，我国人均预期寿命接近73岁，在发展中国家中处于领先地位。但是，我国医疗卫生服务与人民日益增长的健康需求还很不适应。因此，建立覆盖城乡居民的基本医疗卫生制度，尽快缓解和克服上述矛盾，是改善民生，让人民共享改革发展成果的关键环节，是我们党全心全意为人民服务宗旨的具体体现，是全面建成小康社会、构建社会主义和谐社会的内在要求。

2. 建立基本医疗卫生制度，目标是让人人享有基本医疗卫生服务。为了建立这一制度，我们必须把握两个坚持，一是"坚持公共医疗卫生的公益性质，遵循医疗卫生事业为人民健康服务"的宗旨，强化政府提供基本医疗卫生服务的责任，完善国民健康政策，加大政府的卫生投入，从有利于群众及时就医、安全用药、合理负担出发，为群众提供安全、有效、方便、价廉的医疗卫生服务。二是"坚持预防为主、以农村为重点、中西医并重"的方针，在政府的主导下，提供全面的公共卫生和预防保健服务；重点加强农村医疗卫生机构和队伍建设，着力解决部分农村缺医少药问题；扶持中医药和民族医药事业发展，促进中西医、中西药相协调，努力缩小城乡、地区、不同收入群众之间的医疗卫生服务差距。

3. 建立基本医疗卫生制度，关键是深化医药卫生体制改革，形成比较完善的服务保障体系。我国基本医疗卫生制度的框架，由公共卫生服务体系、医疗服务体系、医疗保障体系、药品供应保障体系组成，四位一体协调发展。其中，建设公共卫生服务体系，重点是健全疾病防控、健康教育、妇幼保健、计划免疫、计划生育技术等服务网络，特别是完善重大疾病防控体系，提高突发公共卫生事件应急处置能力；建设医疗服务体系，重点是加强农村三级卫生服务网络和城市社区卫生服务体系建设，实行政事分开、管办分开、医药分开、营利性和非营利性分开。深化公立医院改革，鼓励社会参与、兴办医疗机构；建设医疗保障体系，重点是完善城镇职工和居民的基本医疗保险、新型农村合作医疗、城乡医疗救助相互衔接的基本医疗保障体系，以慈善事业为补充，发展商业健康保险，引导群众合理就医；建设药品供应保障体系，重点是建立国家基本药物制度，对国家基本药物实行招标定点生产、集中采购和统一配送，保证群众基本用药，大幅度减轻群众药物费用负担。建立基本医疗卫生制度，必须坚持公共卫生服务体系、医疗服务体系、医疗保障体系和医药供应保障体系的同步改革、同步发展。其中，公共卫生体系和医疗服务体系建设的主要任务是：大力发展农村卫生和社区卫生，夯实医疗卫生服务基础；改革医疗卫生管理体制和运行机制，增加政府投入，维护公益性质，坚持为人民服务的宗旨；进一步加强监管，提高服务质量，控制服务收费，努力为人民群众提供质优价廉的医疗卫生服务。

六、完善社会管理

当前，完善社会管理要突出以下八项重点任务：

1. 加快政府职能转变，更加注重社会管理。政府职能转变应完成如下任务：一是优化政府职能和权力配置，要进一步调整政府的职能定位，在抓好经济调节、市场监管的同时，更加注重履行社会管理和公共服务职能，推进各项社会事业全面发展。二是转变社会管理和公共服务方式。要逐步从主要依靠政府管理转向政府管理与社会治理相结合，不断提高社会管理效能，改进公共服务质量。三是完善公共财政体制。要优化财政支出结构，将更多的财政资金投向社会管理和公共服务领域，为社会管理和公共服务建立可持续的财政支持体系。四是建立我国社会管理和公共服务基本标准、基本规范。包括健全应急管理、社区管理、社会组织管理、流动人口管理、环境管理和公共安全的目标、责任、程序、范围、监督考核办法等，促进社会管理规范化。五是建立绩效评估制度。把可持续发展状况、公共服务水平、人民群众的生活质量、社会和谐稳定等社会管理和公共服务方面的内容，作为对政府绩效考核的重要指标。

2. 完善政策和制度体系，维护社会公平正义，要在政策和制度上维护社会公平正义，就必须做到：一要建立健全保障社会公平正义的基本制度。二要健全维护社会公平的政策体系。包括缩小城乡差距、地区差距、贫富差距的政策等，消除社会管理和公共服务中的各类歧视性政策，以及弱势群体的权益保护、利益倾斜和社会援助政策，从源头上维护社会公平。三要引导公民按制度行使权力、履行义务。

3. 统筹协调利益关系，妥善处理利益矛盾。统筹协调好各种复杂的利益关系，妥善处理好各种利益矛盾，是社会管理的难点。一是要坚持发展为了人民、发展依靠人民、发展成果由人民共享。出台各项改革举措和政策措施，要注意统筹兼顾，充分考虑到不同阶层、不同群体的利益要求，切实找准最大多数人的共同利益与不同方面群众具体利益的结合点，让发展带来的利益为大多数群众所共享。二是要加强利益协调、诉求表达、矛盾调处和权益保障等方面的机制建设。不断拓宽社情民意表达渠道，让人民群众都能平等地表达自己的利益诉求。三是善于把人民调解、行政调解、司法调解有机结合起来。综合运用法律、政策、经济、行政等手段和教育、协商、疏导等方法，将矛盾化解在基层，化解在萌芽状态。

4. 加强应急管理，提高应对风险的能力。党中央、国务院已出台了社会危机管理的法律法规，使我国的应急管理工作全面起步。当前各类突发事件发生概率增加，各级政府要进一步提高危机管理水平。一是要建立健全分类管理、分级负责、条块结合、属地为主的应急管理体制，形成统一指挥、反应灵敏、协调有序、运转高效的应急管理机制。二是要建立统一高效的应急信息平台，建设精干实用的专业应急救援队伍，提高群众参与应急管理的能力和自救能力。今年要进一步加大力度，推进应急管理进社区、进农村。三是建立健全社会运行状况的监测体系和危机预警系统，加强对社会信息的采集、整理和披露，实现社会预警、社会动员、快速反应、应急处置的整体联动。四是坚持安全第一、预防为主、综合治理，完善安全生产体制机制、法律法规和政策措施，加大投入，强化监督，坚决遏制重特大安全事故的发生。

5. 加强社会治安综合治理，增强人民群众的安全感。目前我国社会治安形势总体是好的，但影响社会治安的问题也不少，各种诱发和滋生违法犯罪的因素在增多，确保人民群众生命财产安全的任务依然艰巨，必须进一步加强社会治安综合治理。一是社会治安综合治理要向"维护社会稳定、促进社会和谐"这一更高的要求转变。要把惩治犯罪与保护人权、法律效果与社会效果有机统一起来，在保持社会稳定的同时，不断促进社会和谐。二是坚持打防结合、预防为主、专群结合、依靠群众的方针，完善社会治安防控体系。要认真分析各地社会治安的规律和特点，确定打击违法犯罪的重点和方式。要以解决经济社会发展中存在的深层次矛盾和问题为重点，努力抑制和减少影响社会稳定的各社会消极因素。三是广泛开展和谐社区、和谐单位、和谐家庭的创建活动，增强公民、企业和各种社会组织的责任感，发挥群众在维护社会稳定中的主体作用。通过坚持不懈和深入细致的工作，努力实现社会治安的根本好转。

2010年5月28日，北京怀柔区社管中心接到庙城镇十三厂宿舍居民反映：院外的污水井盖丢失了，如果行人和汽车从此处经过，很容易出现危险，存在着严重的安全隐患。社管中心得知情况后，立即与庙城镇社管中心取得联系。庙城社管中心即刻协调社区的工作人员，本着居民安危无小事原则，立即赶赴小区查看，组织社区居民在丢失井盖的井口摆放砖头作为提示。经过积极沟通协调，当天就对丢失井盖予以补充，并用水泥对井盖周边重新进行了平整和加固，还居民一个安全、放心的出行环境。

7. 改善流动人口的管理和服务，提高社会管理的覆盖面。

流动人口是目前我国社会管理和公共服务中的薄弱环节，必须大力加强。一要建立健全能够有效覆盖流动人口的社会管理和公共服务体系，从体制上解决好流动人口的就业、医疗卫生、子女就学、计划生育、政治参与和权益保护等问题。二要深化户籍管理制度改革，按属地原则建立新型的流动人口社会管理和公共服务体制，依托社区完善基层流动人口的管理和服务。三要深化社会保险制度改革，探索社会保险异地转移接续制度，逐步改善流动人口的社会保障状况。四是要从政策上鼓励农民工流动双向选择，进城与回乡都要支持，要鼓励进城务工经商的成功者回乡创业，积极参加社会主义新农村建设。

8. 加强环境管理，保护群众的环境利益。目前我国正面临着日趋严重的环境问题，主要是一些地方污染排放超标，自然生态破坏严重。必须坚决改变先污染后治理、边治理边污染的状况，切实解决影响经济社会发展特别是严重危害群众健康的环境问题。一要完善科学、统一、权威的考核指标体系，完善有利于生态环境保护的价格、税收、财政、信贷政策，建立覆盖城乡的节能环保、污染减排的监管体系，强化节能降耗、污染减排责任制。二要加大重点领域、重点行业、重点企业污染防治力度，加大自然保护区、重要生态功能保护区和生态脆弱区的保护力度。三要在全社会大力倡导节约、环保、文明的生产方式和消费模式，普遍提高群众的环境保护意识。

第九章　什么样的生态环境是和谐的

第一节　你知道"生态和谐"吗

生态和谐，是指和谐社会所要求的人与自然和谐发展的状态与过程，其社会形态发展特征是资源节约型与环境友好型社会。生态和谐是经济社会协调与可持续发展的人力、资源、环境条件与发展目标。生态和谐同经济社会协调与可持续发展是相辅相成的，没有生态和谐，就没有经济社会乃至整个人类文明的可持续发展，经济社会协调与可持续发展必然要求并导致生态和谐。

生态和谐的实现是人类文明发展进步、进入生态文明时代的产物。生态文明是指人与自然关系不断改善优化，在探索、建设资源节约型与环境友好型社会过程中所取得的物质、精神和制度等方面文明成果的总和。推进生态文明建设是促进生态和谐、实现经济社会协调与可持续发展的必由之路，也是和谐社会建设的重要组成部分。

十八大报告中，提出大力推进生态文明建设，明确指出，建设生态文明，是关系人民福祉、关乎民族未来的长远大计。面对资源约束趋紧、环境污染严重、生态系统退化的严峻形势，必须树立尊重自然、顺应自然、保护自然的生态文明理念，把生态文明建设放在突出地位，融入经济建设、政治建设、文化建设、社会建设各方面和全过程，努力建设美丽中国，实现中华民族永续发展。

坚持节约资源和保护环境的基本国策，坚持节约优先、保护优先、自然恢复为主的方针，着力推进绿色发展、循环发展、低碳发展，形成节约资源和保护环境的空间格局、产业结构、生产方式、生活方式，从源头上扭转生态环境恶化趋势，为人民创造良好生产生活环境，为全球生态安全作出贡献。

第二节　我国生态环境受到的小破坏

任何一个国家的人口、自然资源和生态环境承受能力都是有限的。如果以有限的资源去养活无限增多的人口，其途径只能有两条：一是向自然开战，强取豪夺，耗竭自然资源，破坏生态平衡；二是控制人口规模，提高人口素质，节约合理开发利用自然资源，维护生态环境，走生产发展、生活富裕、生态良好的文明发展道路。对于前者，当今世界每一个国家都有失败的教训，对于后者，我们已经尝到了甜头。在全面建设小康社会的进程中，我们既有难得的发展机遇，又面临着严峻挑战。从我国经济社会发展与自然发展的关系看，这些挑战主要体现在三个方面：一是人口发展可持续性问题，二是自然资源短缺问题，三是生态环境恶化问题。

一、我国发展中的人口问题

人口问题主要是指人口的数量、质量，人口的性别结构、年龄结构、知识结构以及地域分布等。在经济社会的可持续发展要素中，人口是首要的因素，人口作为一种特殊形态的资源，与经济社会的发展构成了促进与制约并存的关系。适度的、科学文化素质较高的人口有利于经济社会的发展。人口过多或过少都会成为经济社会发展的绊脚石。我国人口问题主要表现在三个方面：一是人口基数大，二是人口质量低，三是结构不合理。

从人口数量上来看，我国的人口出生率和人口自然增长率不断增加，2005年我国人口已突破13亿，2010年将近14亿，到2050年人口总数将接近或者超过16亿。从人口质量上来看，一是文盲半文盲所占比例较大。我国文盲总数高居世界第二位，仅次于印度，而且90％的文盲分布在农村，一半文盲在西部地区。二是残疾人口数量多、比例高。城乡人口结构不合理。据联合国人口基金会世界人口状况报告，2000年世界城市人口比重为45%，其中发达国家为80%以上，而我国为36%，不仅低于世界平均水平，与发展中国家平均水平相比其差距也是非常明显的。

二、我国发展中的资源问题

人类的生产和消费离不开自然资源，经济和社会的发展是以资源的合理开发利用为基础的。按照通常的分类标准，人们习惯于将地球上的自然资源分为三类：一是取之不尽用之不竭的资源，如空气和水。二是有限的但可更新的资源，如森林、粮食等。三是有限但不可更新的资源，如石油、煤、锌等矿物。我国自然资源十分短缺，是基于三方面的元凶：一是我国是世界上第一人口大国；二是同世界发达国家相比，科学技术相对落后，对自然资源的利用率较低；三是对于满足我国又好又快发展的经济社会要求而言，自然资源有限且逐渐耗竭。

三、我国发展中的生态环境问题

通过30多年的努力，生态环境保护工作取得了可喜成就。但这些成就的取得是局部的，重点地区的环境质量得到了改善，从全国来讲，生态环境恶化的趋势没有从根本上得到遏制。概括起来，主要表现在：水土流失日趋严重，荒漠化面积不断扩大，生物多样性日趋锐减，环境污染没有得到有效遏制。根据有关资料显示，我国水土流失面积已经达到367万平方公里，占国土面积的38.2%，每年流失土壤50多亿吨。最为严重的是西部地区，水土流失面积达10436.9万公顷，占全国水土流失总面积的62.5%。分布集中、危害大、难治理是生态环境最突出的问题之一。

人是经济社会发展最核心因素，人也是造成生态环境问题的罪魁祸首。时至今日造成生态问题的多种矛盾仍然存在。具体表现为：一是中国政府与各企业主体之间的利益冲突。在现实生活中，政府的生态责任虽然具有整体性、强制性等特点，但各个企业对利润的最大化追求必然会产生不利于环境保护的生产方式。企业主体的生产行为和消费方式始终不能向节能、环保等新型方式转换，很难使之把人类的长远利益和社会整体利益的最大化作为经营目标。二是生态环境建设与具体的经济承受力之间的矛盾。就拿退耕还林、以粮代赈等政策实施情况来看，对沙化耕地的治理以及生态环境的改善起到了积极作用，但从长远目标来看，其矛盾也无法避免。农民普遍认为，土地收益远远大于政府补偿的收益，有些农民受经济利益驱动而违反国家有关政策，在林地间种粮或其他经济作物，甚至与政府公开对抗的事件时有发生。在具体政策实施过程中，国家也需要在较长时期内使补助的钱足额到达农民手中，特别是因天灾人祸，出现粮食供求关系波动的时候，要保持这些政策的连续性，其经济代价是相当昂贵的。三是国家利益与地方局部利益、集体利益与个人利益之间的矛盾。尽管我国制定了各部门和地方政府不同层次的可持续发展战略，并且能在政府的组织下集中力量来治河治污、保护森林植被，但并没有形成全国上下一盘棋，以致年年搞生态建设，年年生态系统退化。由于在相当长的时期内把经济增长指数作为考核地方干部政绩的重要指标，所以环境意识淡泊，利己主义思想严重。特别是一些地区的行政领导干部环保法律意识不强，又缺乏有效的监督机制，抵制不了拜金主义、享乐主义的诱惑，搞钱权交易，以致河流、森林、矿山等破坏生态平衡、资源环境的腐败案件时有发生。

1934年5月11日凌晨，美国西部草原地区发生了一场人类历史上空前未有的黑色风暴。风暴整整刮了三天三夜，形成一个东西长2400公里，南北宽1440公里，高3400米的迅速移动的巨大黑色风暴带。风暴所经之处，溪水断流，水井干涸，田地龟裂，庄稼枯萎，牲畜渴死，千万人流离失所。

黑风暴一般发生于春夏交接之际，其形成与大气环流、地貌形态和气候因素有关，更与人为的生态环境破坏密不可分，它是沙漠化加剧的象征。人口的快速增长带来不合理的农垦、过度放牧、过度采樵、单一耕种，这些现象必然导致植被和地表结构的破坏，使草原萎缩、土地沙化、生态系统失衡。这种造沙的速度远快于人们治沙的速度，无疑为黑风暴形成提供了条件。

北美黑风暴的发生是人口、资源和环境综合作用的结果。北美黑风暴的肆虐在向人类挑战，也在向人类报警：如果人类不能控制发展，如果人类的无边欲望和地球的有限资源互为抗衡，如果人类不能与大自然相濡以沫的话，最终人类要败在自己手下。

第三节　推进社会主义生态和谐发展的方法

党的十七大提出深入贯彻落实科学发展观，将建设生态文明作为我国的基本国策，纳入实现构建社会主义和谐社会奋斗目标的新要求，并提出了生态文明建设的战略目标与实施途径。党的十八大提出建设生态文明，是关系人民福祉、关乎民族未来的长远大计。这是一条坚持走生产发展、生活富裕、生态良好的生态文明发展道路，一个建设资源节约型、环境友好型社会，实现速度和结构质量效益相统一，经济社会发展与人口、资源、生态环境协调发展的基本战略。

一、建设生态文明的基本国策与战略方针。

党的十七大报告把建设生态文明上升到关系人民群众切身利益和中华民族生存发展的战略高度，提出了坚持节约资源和保护环境的基本国策。在经济建设和社会发展过程中，努力做到节地、节水、节能、节材、节粮，最大限度地减少对自然资源的消耗。同时又要合理开发与利用自然资源，坚持开发与节约并举的方针。加强环境污染的控制与生态综合治理。花大力气治理水污染、大气污染及土壤退化问题，加大废弃物品的回收力度，切实保持自然界生态平衡。

十七大报告提出了在全面建设小康社会的过程中，建设生态文明的战略目标。基本形成节约能源资源和保护生态环境的产业结构、增长方式、消费模式。循环经济形成较大规模，可再生能源比重显著上升。主要污染物排放得到有效控制，生态环境质量明显改善。生态文明观念在全社会牢固树立。

在党的十八大报告中，提出从以下四个方面建设生态文明：1.优化国土空间开发格局。2.全面促进资源节约。3.加大自然生态系统和环境保护力度。4.加强生态文明制度建设。

为加强能源资源节约和生态环境保护，增强可持续发展能力，十七大对建设生态文明提出了具体实施途径：必须把建设资源节约型、环境友好型社会放在工业化、现代化发展战略的突出位置，落实到每个单位、每个家庭。要完善有利于节约能源资源和保护生态环境的法律和政策，加快形成可持续发展体制机制。落实节能减排工作责任制。开发和推广节约、替代、循环利用和治理污染的先进适用技术，发展清洁能源和可再生能源，保护土地和水资源，建设科学合理的能源资源利用体系，提高能源资源利用效率。发展环保产业。加大节能环保投入，重点加强水、大气、土壤等污染防治，改善城乡人居环境。加强水利、林业、草原建设，加强荒漠化、石漠化治理，促进生态修复，加强应对气候变化能力建设，为保护全球气候作出新贡献。

二、构建社会主义和谐社会的人口发展战略

控制人口增长，提高人口素质。我国从20世纪70年代开始实施计划生育政策以来，总和生育率由1970年的5.8下降到当前的1.8左右，与世界上经济发展水平相当的国家和地区相比，中国的总和生育率低1.2至1.3，致使中国少生了34亿人口，这样就有利于抑制人口的过快增长，实现了从高出生、低死亡、高增长到低出生、低死亡、低增长的转变，为经济社会的可持续发展创造了良好的人口环境。但是，中国人口数量将在较长时期内继续增长，在未来十几年每年平均净增1000万人以上，给经济、社会、资源、环境和可持续发展带来巨大压力。控制人口增长，提高人口素质是实现全面建设小康社会宏伟目标和建设生态文明的重大战略决策。人口问题是社会主义初级阶段长期面临的重大问题，是制约中国经济社会发展的关键因素。因此，要重点贯彻实行计划生育政策。正如邓小平同志所说："我们要大力加强计划生育工作，但是即使若干年后人口不再增加，人口多的问题在一段时间内也仍然存在。我们地大物博，这是我们的优越条件。但有很多资源还没有勘探清楚，没有开采和使用，所以还不是现实的生产

资料。土地面积广大，但是耕地很少。耕地少，人口多，特别是农民多，这种情况不是很容易改变的。这就成为中国现代化建设必须考虑的特点。"人口问题是个战略问题，尤其是农村，由于其生产条件、生活方式和社区环境与大中城市相比，存在较大差距，因而农村人口的生育率远远高于城镇人口的生育率。在今后相当长的时期内，中国人口控制的关键在农村，计划生育工作的重点和难点也在农村。要大力贯彻"晚婚晚育、优生优育和一对夫妇只生一个孩子"的政策，晚婚率、晚育率、计划生育率三项指标要严格控制在国家计划内。大力宣传优生优育、男女平等的社会风尚，在不断提高新生儿健康水平的同时，倡导男女平等，遏制出生人口性别比严重失调的现状，通过立法来制止非法鉴定胎儿性别和遗弃女婴的违法行为。在全国广泛开展农村计划生育家庭奖励扶助制度。

三、构建社会主义和谐社会的资源环境可持续发展战略

1. 合理开发利用自然资源，坚持开发与节约并举。党的十七大报告指出，要坚持走中国特色新型工业化道路，由主要依靠增加物质资源消耗向主要依靠科技进步、劳动者素质提高、管理创新转变，大力推动信息化与工业化融合，促进工业由大变强。因此，我们必须通过科技创新，合理开发与利用自然资源，走科技

含量高、经济效益好、资源消耗低、环境污染少、人力资源优势得到充分发挥的新型工业化路子。面对资源的不足，应该通过科技进步来开发新能源、新材料，最大限度地减少对自然资源的消耗，提高资源利用率，减少环境污染。如用塑料代替木材，大力推广太阳能、风能等洁净能源，用废物垃圾做建筑材料等。

2. 大力发展循环经济，建设资源节约、环境友好型社会。循环经济是与粗放型经济增长方式相对的一种崭新的经济形态，又称为生态经济。它是力求以最小的资源环境代价获得经济社会的全面快速发展。因而，循环经济要求以高效、生态、循环和友好的方式利用自然资源和自然环境。发展循环经济，建设环境友好型社会，首先要摒弃粗放式经营方式，改进生产工艺和流程。其次，企业在推行绿色生产方式和清洁生产方式时，必须遵循以下原则：一是持续性原则。从对自然资源的开发、产品的生产，到废物的回收利用，都要一以贯之以降低成本、节省资源、保护环境、维护人类健康为宗旨。二是预见性原则。充分认识和估计生产和消费过程中可能出现的污染源，实行重点监测、重点预防。三是整体性原则。绿色生产方式和清洁生产方式不是一种外部强制干预性生产方式，应该被看作是企业实现可持续发展，推动社会全面进步的整体性战略，应该把它作为企业文化的核心思想贯穿到企业的各个环节和过程。

3. 加强政府宏观管理和环境执法力度。一方面要纠正"错位""越位"现象，把不该管的方面放给市场；另一方面要纠正"缺位"，保证"到位"，健全经济调控和市场监管体系，加强社会管理和公共服务，进一步把精力转到全局性、战略性事务的谋划上来。市场化的途径不可能完全克服市场经济对自然资源的破坏及其对环境的影响。自然资源中的有些产权是可以界定的，如山林、土地等；有些产权却是无法界定的，如大气、河流、海洋、湖泊、矿藏、地下水资源以及生物多样性等。这些不能界定产权的自然资源在管理上复杂得多，也不能依靠市场途径来解决外部性等问题。因此，加强政府宏观调控和管理力度在解决环境保护问题方面具有举足轻重的地位。

合理开发利用自然资源，加强环境保护，协调人与自然的关系，除了通过市场自身调节和政府宏观调控之外，依法保护环境是必不可少的手段。从总体上讲，我国环境保护的法规在不断完善，环境执法也取得了很大成效，但在环境执法过程中也暴露出很多急需解决的主要问题：一是违法成本过低，知法犯法问题严重。我国现行的环保部门主要还是国家的宏观调控和管理部门，由于法律赋予它的权力极其有限，加上处罚额度小，处罚周期长，环境执法威慑力弱，致使许多环境违法行为得不到及时有效遏制。二是环境法律法规不够健全和完善，在一些发达国家，对于垃圾的倾倒、处理都规定了具体的处罚条款。其基本的做法是实现垃圾减量化、垃圾袋收费制度，即按照装满一袋垃圾量付款。这样可以促使人们为节约成本，尽量把垃圾回收利用，改变以往乱丢乱扔垃圾的现象，从而减少环境污染。所以，垃圾立法势在必行，时不我待。

4. 大力发展生态技术，促进资源环境的可持续发展。技术是一把双刃剑，它促进经济发展创造现代物质文明的同时，也使自然环境遭到了严重破坏。有人认为，技术的进步不能超越"增长的极限"，技术是环境恶化的罪魁祸首。还有人认为，技术在解决环境问题中具有重要作用，依靠技术完全可以解决资源环境问题。其实这两种观点都是错误的。因为造成生态危机的原因不单单是技术使然，是人口因素、社会制度、文化价值观念等综合因素造成的。

单单依靠技术也不能解决生态危机问题。科学技术发展的历史证明，只要人们把握科技发展的正确方向，避免技术的滥用、误用，技术就可以成为推动人类文明进程的强有力杠杆。在当今社会，通过发展生态技术来促进生态文明必将成为人与自然、人与社会和谐共处的根本保证。特别是信息技术、生物技术、新材料技术、新能源和再生能源技术、先进制造技术、航天航空技术、海洋技术以及环保技术的发展，为缓解资源短缺、抑制环境恶化、改善人类健康状况、实现经济社会和资源环境的协调发展提供了有效的技术途径。

四、落实科学发展观，树立生态文明观念

科学的发展观是坚持以人为本，树立全面、协调、可持续的发展观，促进经济社会和人的全面发展。这种科学发展观是建设生态文明的必然要求，是实现经济社会与人口资源环境协调发展、推动社会和谐的有效途径。

1. 科学发展观是树立生态文明观的基本前提和理论基础。科学发展观是人类在反思人与自然、经济与社会基本关系基础上形成的一种辩证否定的发展观。今天提倡的科学发展观，强调促进社会主义物质文明、政治文明、精神文明协调发展，是全面的发展观；强调生态平衡、经济增长、科技进步、文化繁荣、政治民主，改善人民生活，消除城乡差别，缩小地域差别，赋予发展更多的人文特征，是系统的发展观。在这种科学发展中，人的发展是发展战略的核心，人类处于可持续发展问题的中心，应该享有与自然和谐相处的方式过健康而富有生产成果的生活的权利。

2. 生态价值观和生态伦理观是生态文明观的核心，是人类在各项社会实践中应当遵守的基本生态道德规范。第一，生活在地球上的每个人都是生命大家庭中值得关爱的生命个体。由个体构成的大家庭联系了所有人类社会、现在的和将来的时代、人类和自然界其他部分。维护文化和自然的多样性就是对生命的尊重。

3. 个人、社会或民族都不具有剥夺他人生计的权利。人人都应

享有基本和平等的权利，如生活的权利、人的自由和安全的权利、思想信仰和宗教自由的权利、询问和发展的权利、参与政府的权利、在地球极限之内为更体面的生活目标而利用自然资源的权利。

4. 每个人、每个社会都有资格来尊重这些权利，而且要对保护所有别人的这些权利负责、任何一种生命形式以它对人类的价值有理由得到尊重。人类的发展不应以威胁自然的整体性和其他物种的生存为代价，而应保护它们免受摧残，避免折磨和不必要的屠杀。

5. 在对待自然界的行为方式上，每个人都有义务对他人进行监督负责。在保护生态进程和自然界的多样性前提下，可持续地利用任何资源。

6. 在享有资源、利用效益和费用方面，不同社会和不同利益团体之间，贫困和富裕地区之间，以及现代和将来的世代之间，都应当是公平地、合理地分配。

7. 在世界范围内，个人和集体都有责任保护人类权利和自然界其他物种和物质的存在，这种责任不受地域和民族的发展进程、文化背景、思想意识的限制。

上述生态道德规范从人与自然的关系、人与人的关系，以及人与整个世界的现在、未来的关系出发，全方位规定了人类行为的根本要求，特别强调了在对待自然界其他物种的态度和行为方式上，人类应有的权利与相应的义务和责任。

第十章　构建社会主义和谐社会的重要意义

构建社会主义和谐社会，是我们党以马克思列宁主义、毛泽东思想、邓小平理论和"三个代表"重要思想为指导，全面贯彻落实科学发展观，从中国特色社会主义事业总体布局和全面建设小康社会全局出发提出的重大战略任务，反映了建设富强、民主、文明、和谐的社会主义现代化国家的内在要求，体现了全党全国各族人民的共同愿望。

第一节　构建社会主义和谐社会的理论意义

第一，提出构建社会主义和谐社会，是对人类社会发展规律认识的深化，是对马克思主义关于社会主义社会建设理论的丰富和发展。任何社会都不可能没有矛盾，人类社会总是在矛盾运动中发展进步的。构建社会主义和谐社会是一个不断化解社会矛盾的持续过程。马克思、恩格斯创立的唯物史观揭示了社会的本质、发展动力和发展规律，使人类的社会和谐理想变成了科学。马克思、恩格斯创立的唯物辩证法揭示了社会系统内各种要素之间的普遍联系、对立统一和相互转化的规律，阐明了社会结构、人与社会、人与自然以及人与人之间的辩证关系。马克思主义认为，未来理想社会是社会生产力高度发达和人的精神生活高度发展的社会，是每个人自由而全面发展的社会，是人与人和谐相处、人与自然和谐共生的社会。这就是说，社会和谐是科学社会主义的命题中应有之义。我们党提出"构建社会主义和谐社会"，就是从社会主义初级阶段的实际出发，把马克思主义的社会建设理论与中国实际相结合，逐步将其变成我国社会发展的现实目标和具体措施。把社会和谐明确为中国特色社会主义的本质属性，有利于更全面地坚持科学社会主义的基本原理，有利于更全面地体现党的奋斗目标和全国各族人民的共同理想，从而也有利于更好地建设中国特色社会主义，更好地实现最广大人民的根本利益。它完全符合人类历史发展规律的要求，是党对马克思主义关于社会主义社会建设理论的丰富和发展。

第二，提出构建社会主义和谐社会，是对社会主义建设规律认识的深化，丰富和发展了中国特色社会主义理论。构建社会主义和谐社会，拓展了中国特色社会主义建设的领域，使社会建设成为与中国特色社会主义经济、政治、文化建设具有同等地位的一个崭新层面。中国特色社会主义是一个全面发展、全面进步、全面现代化的社会。党的十三大明确了"三步走"的现代化建设战略部署，并且提出了包括经济富强、政治民主、精神文明在内的"三位一体"的现代化建设总体格局。党的十五大围绕社会主义现代化建设的总目标，在党的基本理论、基本路线的基础上，制定了建设中国特色社会主义经济、政治、文化的基本纲领，从而使"三位一体"的现代化建设格局更加明晰而深入。进入新世纪新阶段，面对错综复杂的国际形势和不断变化的国内格局，党顺应历史发展和时代变化的要求，在我国处于体制转轨、社会转型的特殊历史时期，正式提出了构建社会主义和谐社会的命题，强调"社会和谐是中国特色社会主义的本质属性"，使社会主义现代化建设的总体布局，由物质文明、政治文明、精神文明建设的"三位一体"深化拓展为包括和谐社会建设在内的"四位一体"。由此拓展深化了现代化建设的战略格局，反映了党对社会主义本质的新认识、新发展，进一步丰富了中国特色社会主义理论。在党的十八大报告中，对此进行了进一步发展，报告中指出："必须更加自觉地把全面协调可持续作为深入贯彻落实科学发展观的基本要求，全面落实经济建设、政治建设、文化建设、社会建设、生态文明建设五位一体总体布局，促进现代化建设各方面相协调，促进生产关系与生产力、上层建筑与经济基础相协调，不断开拓生产发展、生活富裕、生态良好的文明发展道路。"

第三，提出构建社会主义和谐社会，是对共产党执政规律认识的深化，是党执政理念的升华。中国共产党是中国特色社会主义事业的领导核心。作为一个掌握全国政权并长期执政的党，只有认真研究和掌握执政规律，不断完善执政方略，提高执政能力，才能有效地推进中国特色社会主义事业。构建社会主义和谐社会，进一步体现了党执政的本质要求。十六届四中全会把"使党始终成为立党为公、执政为民的执政党"作为强调党的执政能力建设的总体目标之一，要求坚持权为民所用、情为民所系、利为民所谋，实现好、维护好、发展好最广大人民的根本利益，保证人民群众共享改革发展的成果。提出构建社会主义和谐社会，正是立党为公、执政为民这一本质的内在要求。只有通过构建社会主义和谐社会，广泛调动各方面的积极性，妥善协调各方面的利益关系，切实维护和实现社会公平和正义，全体人民能够平等友爱、融洽相处，人与自然的关系处于和谐状态，党执政为民的目的和要求才能够得到更加充分的体现。明确提出构建社会主义和谐社会，反映了党对执政规律、执政方略的新认识，为我们紧紧抓住和用好重要战略机遇期，实现全面建设小康社会的宏伟目标提供了重要的思想指导。

第二节　构建社会主义和谐社会的实践意义

第一，构建社会主义和谐社会是中国特色社会主义事业"五位一体"总体布局的重要组成部分，及时对构建社会主义和谐社会作出部署，有利于全面推进中国特色社会主义事业。

第二，使社会更加和谐是全面建设小康社会的重要目标，切实做好构建社会主义和谐社会的各项工作，有利于充分调动社会各方面的积极性，抓住和用好我国发展的重要战略机遇期，切实维护和促进改革发展稳定的大局，确保实现全面建设小康社会的目标。

第三，促进社会和谐是中国最广大人民的根本利益所在，把构建社会主义和谐社会的各项任务落到实处，有利于进一步解决好人民群众最关心、最直接、最现实的利益问题，有利于实现好、维护好、发展好最广大人民的根本利益。

第四，社会和谐是应对外部挑战的重要条件，保持国内安定和谐的社会政治局面，有利于增强民族凝聚力和抗风险能力，更好地维护国家主权、安全和发展利益。

总之，构建社会主义和谐社会，是中国特色社会主义事业的有机组成部分，是推进全面建设小康社会的重大战略举措。它关系到最广大人民的根本利益，关系到巩固党执政的社会基础、实现党执政的历史任务，关系到全面建设小康社会的全局，关系到党的事业兴旺发达和国家的长治久安。党要带领人民把中国特色社会主义伟大事业推向前进，必须坚持以经济建设为中心，把构建社会主义和谐社会摆在更加突出的地位。

知识链接

"三个代表"重要思想

江泽民同志2000年2月25日在广东省考察工作时，从全面总结党的历史经验和如何适应新形势新任务的要求出发，首次对"三个代表"重要思想进行了比较全面的阐述。"三个代表"重要思想的主要内容是：中国共产党始终代表中国先进生产力的发展要求；中国共产党始终代表中国先进文化的前进方向；中国共产党始终代表中国最广大人民的根本利益。

八国联军侵华战争

八国联军侵华战争（1900—1901），近代列强参与国最多的侵华战争。列强为镇压中国人民的反抗斗争，瓜分中国，勾结在一起共同侵华。清政府甘心充当洋人的工具，签订了《辛丑条约》，中国半殖民地社会完全形成。

半殖民地半封建社会

封建社会在外来资本主义入侵下形成的一种社会经济形态。所谓半殖民地之"半",指它在政治上经济上为外来的资本主义侵略势力所操纵,但尚有名义上的政府与微小的经济力量,外国列强还未直接行使统治。所谓半封建经济之"半",指在外来侵略势力的冲击下,封建自然经济的基础开始解体,产生了发展资本主义的某些条件,近代资本主义工业开始出现,封建经济已不是唯一的经济形式。这样,就形成了半殖民地半封建社会。我国从1840年鸦片战争后到1949年就处于半殖民地半封建社会。

辩证唯物主义

辩证唯物主义,是马克思、恩格斯批判地吸取德国古典哲学——黑格尔的辩证法的"合理内核"和费尔巴哈唯物论的"基本内核",在总结自然科学、社会科学和思维科学的基础上创立的系统科学的逻辑理论思维形式,是一种以马克思和恩格斯学说来研究现实的哲学方法,是用"辩证的观点"和"唯物论的观点"解释和认识世界的理论。一般认为"辩证唯物主义"和"唯物辩证法"在本质上是一致的。

辩证唯物主义的基本观点有:1.唯物主义认为,物质是第一性的,意识是第二性的。世界的本原是物质,世界的万事万物都是物质派生出来的。2.物质世界是按照它本身所固有的规律运动、变化和发展的。规律是客观的，是不以人的主观意志为转移的。

3.辩证的唯物主义观点是相对于机械唯物主义而言的，即将辩证法与唯物主义相结合。

德国古典哲学

德国古典哲学一般是指康德、费希特、谢林、黑格尔和费尔巴哈的哲学，是代表西方近代哲学的最高阶段。它继承了由德国哲学家莱布尼茨代表的唯理主义倾向，同时又受到了苏格兰启蒙运动中著名哲学家休谟的经验主义和怀疑论的影响，此外，以莱辛、歌德为代表的启蒙运动文学也对德国古典哲学起到了相当程度的影响。（斯宾诺莎的宿命论思想有时也被认为是德国古典哲学的重要思想来源之一。）在这些思想的共同影响下，德国古典哲学家总结并探讨了一系列哲学上的重大问题，尽管他们中的多数经常被泛泛地认为是唯心主义者，但他们的主张却不是统一的。

康德是一个二元论者和不可知论者，他为了调和唯理主义和经验主义，提出了自己的批判哲学。费希特则持有一种主观唯心主义（后期也被认为倾向于客观唯心主义），谢林和黑格尔有时候被认为是客观唯心主义者，但事实上他们的意见是非常不同的。直到费尔巴哈以一种唯物主义的观点对黑格尔宏大的形而上学体系提出抨击，从而终结了德国古典哲学。

德国古典哲学具有抽象性和思辨性的特点，同时它也是马克思主义的三个理论来源之一。此外，它提出了包括认识论、本体论、伦理学、美学、法哲学、历史哲学以及政治哲学等领域的各种重大问题和范畴，标志着近代西方哲学向现代西方哲学的过渡。

邓小平理论

邓小平理论，是以邓小平同志为主要创立者、以建设有中国特色社会主义为主题的理论。邓小平理论是马克思主义与当代中国实际和时代特征相结合的新成果，是毛泽东思想的继承和发展，是当代中国的马克思主义，是马克思主义在中国发展的新阶段，是中国共产党获得的与前苏联模式不同的社会主义建设经验的理论总结，是党和人民实践经验和集体智慧的结晶，是中国共产党人建设有中国特色社会主义的行动指南。

邓小平民主与法制的理论

邓小平民主与法制的理论，是马克思主义民主与法制理论和中国社会主义民主和法制建设的具体实践相结合的产物，是依法治国、建设社会主义法制国家的理论基石和重要指导思想。民主是社会主义的本质要求，人民当家做主是社会主义民主政治的核心，是社会主义法制的依托，同时也是中国共产党始终不渝坚持的奋斗目标。在政治上发展民主并实现社会主义民主制度化、法制化，是政治体制改革的重要任务。

第二次工业革命

第二次工业革命，也称第二次科技革命，是指1870年至1914年的工业革命。其中西欧和美国以及1870年后的日本，工业得到飞速发展。第二次工业革命紧跟着18世纪末的第一次工业革命，并且从英国向西欧和北美蔓延。第二次工业革命以电力的大规模应用为代表，以电灯的发明为标志。

第二次鸦片战争

第二次鸦片战争（1856—1860），为扩大侵华权益，英法联合侵华，攻占了北京，进行野蛮的洗劫。清政府被迫再次大肆出卖国家权益，签订了《天津条约》和《北京条约》，使中国社会的半殖民地程度进一步加深了。

第二国际

第二国际，即"社会主义国际"，是一个工人运动的世界组织。1889年7月14日在巴黎召开了第一次大会，通过《劳工法案》及《五一节案》，决定以同盟罢工作为工人斗争的武器。组织后因第一次世界大战爆发而解散，其后伯尔尼国际成立并作为实体运作。第二国际所做出影响最大的动作包括宣布每年的5月1日为国际劳动节，宣布每年的3月8日为国际妇女节，并创始了八小时工作制运动。当今世界最大的政党组织"社会党国际"实际上为其延续，在二战后的1951年成立，成员均为原第二国际成员。

第一国际

第一国际，即国际工人联合会，1864年由英、法、德、意四国工人代表在伦敦开会成立，马克思代表德国工人参加该组织的工作，并逐渐用"科学社会主义"理论作为组织指导思想。由于会名太长，有时人们取它的第一个单词"International"代指，简称为"国际"，历史上即称为"第一国际"。1871年，第一国际法国支部参加并领导了巴黎公社运动。但是随着巴黎公社的失败，第一国际也日渐衰弱，1876年正式宣布解散。

俄国二月革命

俄国二月革命是1917年3月8日于俄罗斯发生的民主革命，是俄国革命的序幕。其即时结果就是沙皇尼古拉二世被迫退位，俄罗斯帝国灭亡。二月革命结束了封建专制的统治，之后出现了两个政权并立的局面，即资产阶级临时政府和苏维埃政权。后又因为临时政府的措施不当，爆发了十月革命。以列宁为首的苏维埃政权控制了局面。二月革命为俄国无产阶级反对资产阶级、争取社会主义的斗争创造了有利的条件。发生在第一次世界大战期间的二月革命的胜利，促进了欧洲各国被压迫人民和被压迫民族反对帝国主义战争、反对本国反动政府、争取民主权利和民族解放的革命运动的高涨。

封建主义

封建主义包括三个方面：一是指封建专制制度，包括政治、经济制度在内的整个社会制度；二是指意识形态；三是指以封建主义思想为指导，为建立或复辟封建专制制度而进行的活动。三者之间相互联系又相互区别，不能等同和混淆。也可以说，封建主义在经济上代表的是地方保护主义和部门主义；在政治上代表的是专制主义和宗法制度；在思想上代表的是纲常伦理、宗法意识和社会生活中的各种落后、愚昧现象、迷信思想和活动。包括制度、活动、思想三方面含义的封建主义，才能称之为完整意义上的封建主义。

个体经济

以生产资料个体所有和个体劳动为基础的经济。如小农经济、小手工业经济、个体商业等。原始社会解体时产生，存在于奴隶社会、封建社会、资本主义社会和社会主义社会，但从来没有成为独立的社会经济形态，而总是从属于占统治地位的经济。具有规模小、经营分散、经济不稳定等特点。在我国，经过社会主义改造，绝大部分个体经济已经转变为社会主义集体经济。但在社会主义国营经济和集体经济占绝对优势的前提下，在法律规定的范围内允许个体经济存在，作为社会主义公有制经济的补充。

工农联盟

工人阶级和农民在无产阶级政党领导下的革命联合。工人和农民的联盟是取得民主革命和社会主义革命的胜利，建设社会主义和实现共产主义的必要条件。人民民主专政的基础是工人阶级、农民阶级和城市小资产阶级的联盟，其中主要是工人和农民的联盟。我国的工农联盟是在中国共产党领导下，在长期的革命斗争中建立和巩固起来的，已经经历了两个阶段：第一阶段建立在土地改革的基础上；第二阶段建立在农业合作化的基础上。在四个现代化建设时期，工农联盟有了新的发展。巩固与发展工农联盟，是我国制定经济政策和社会政策的重要依据。

工业革命

工业革命，又称产业革命，是指资本主义工业化的早期历程，即资本主义生产完成了从工场手工业向机器大工业过渡的阶段。工业革命是以机器取代人力，以大规模工厂化生产取代个体工场手工生产的一场生产与科技革命。由于机器的发明及运用成为了这个时代的标志，因此，历史学家称这个时代为"机器时代"。

有人认为工业革命在1759年左右已经开始，但直到1830年，它还没有真正蓬勃地展开。大多数观点认为，工业革命发源于英格兰中部地区。1769年，英国人瓦特改良蒸汽机之后，由一系列技术革命引起了从手工劳动向动力机器生产转变的重大飞跃。随后自英格兰扩散到整个欧洲大陆，19世纪传播到北美地区。一般认为，蒸汽机、煤、铁和钢是促成工业革命技术加速发展的四项主要因素。在瓦特改良蒸汽机之前，整个生产所需动力依靠人力和畜力。伴随蒸汽机的发明和改进，工厂不再依河或溪流而建，很多以前依赖人力与手工完成的工作自蒸汽机发明后被机械化生产取代。

工业革命是一般的政治革命不可比拟的巨大变革，其影响涉及人类社会生活的各个方面，使人类社会发生了巨大的变革，对人类的现代化进程的推动起到了不可替代的作用，把人类推向了崭新的蒸汽时代。

供销合作社

供销合作社，简称供销社。由农民集资并在国家大力扶持下组织起来的集体所有的合作商业，是我国农村社会主义商业的一种形式。它的主要任务是收购和推销农副产品，组织农民开展多种经营，对农村供应农业生产资料和消费品。供销合作社一般按行政区划分，以乡建社，称为基层供销社，下设门市部和供销分店，县以上设有进行批发业务的各种专业公司。行政管理上，各县、省（自治区、直辖市）设立联合社，在中央，设中华全国供销合作总社。在统计上，供销合作社执行国家统计局和商业部联合制发的以社会商业为总体，以社会商业国内纯购进、社会商业国内纯销售、商品库存为主要内容的商品流转统计报表。

共产国际

共产国际，亦称"第三国际"，1919年3月2日至6日在列宁的领导下，在莫斯科召开了共产国际第一次代表大会。参加大会的有来自欧、亚、美洲21个国家的35个政党和团体的代表52人，通过了列宁起草的《共产国际宣言》、《共产国际行动纲领》等文件，宣告了共产国际的成立。共产国际在其存在的24年中，共召开过7次代表大会和13次执行委员会全会。共产国际在列宁领导期间，成绩比较显著。1924年1月，列宁去世后，共产国际出现了一些错误。总的来说，共产国际在宣传马克思列宁主义，团结各国无产阶级和被压迫民族，领导和推动无产阶级革命运动，促进亚非拉民族解放运动，反对帝国主义和法西斯主义，促进各国共产党的成长等方面起了重大的作用。

共产主义

共产主义是一种政治思想，主张消灭私有产权，并建立一个各尽所能、按需分配的生产资料公有制（进行集体生产）社会，而且是一个没有阶级制度、国家和政府的社会。在这一体系下，土地和资本财产为公共所有。其主张劳动的差别并不会导致占有和消费的任何不平等，并反对任何特权。在科学共产主义（马克思主义及其各流派）的理论中，它在发展上分两个阶段，初级阶段是社会主义，高级阶段是共产主义。通常所说的共产主义，指共产主义的高级阶段。

按照马克思主义理论（历史唯物主义），资本主义必将为共产主义所取代，这是不以人们的意志为转移的社会发展的历史规律。因随着工业革命后各种机械自动化生产所带来的高生产力，长期而言经济生产所需的人力将愈来愈少，在私有财产制度下绝大多数人将会失业，因此，社会若想继续和平发展就必须进入共产主义，将愈来愈少的工作量分配给各个工作的人，除了为兴趣而自愿长期工作的人之外，基本上多数人可减少许多工作时间就能维持日常生活。共产主义思想在实行上，需要人人有高度发达的集体主义精神，而这就要求社会生产力达到充分的发展和极度的发达。

共产主义社会

共产主义社会是一种社会形态，它是在生产资料公有制的条件下，在高度发达的社会生产力的基础上所实行的一种各尽其职、按需分配的劳动者自由联合的社会经济形态。

官僚资产阶级

官僚资产阶级，亦称"买办资产阶级"，一般指殖民地半殖民地国家中与政府勾结在一起的直接为帝国主义服务并为帝国主义所豢养的大资产阶级。官僚资产阶级是半殖民地半封建的旧中国的统治阶级。它适应帝国主义商品倾销、资本输出和掠夺资源的需要，凭借政权力量，出卖国家主权和民族利益，对无产阶级和劳动人民进行残酷的剥削和压迫，是帝国主义统治中国的代理人。

国家资本主义

国家资本主义是无产阶级国家能够加以限制和规定其活动范围的资本主义。在中国既是把民族资本主义经济逐步改造成为社会主义国营经济的过渡形式，又是在全民所有制经济领导下，加速社会主义四个现代化建设的补充形式。

合作社经济

劳动群众为改变生活条件或生产条件而自愿建立的一种集体经济组织。主要形式有生产合作社、供销合作社、消费合作社、信用合作社等。在生产合作社中，劳动群众自愿入股，国家帮助贷款，劳动群众共同占有生产资料，互助合作，除少量收入实行按股分红外，基本实行按劳分配。它具有组织上的群众性、管理上的民主性和经营上的灵活性等特点，可以由劳动群众自愿集资建立，适合我国现阶段社会生产力的发展。

和平赎买

这是无产阶级夺取政权后，对资产阶级的生产资料通过和平方式并采取有偿办法实行国有化的政策。马克思、恩格斯、列宁都曾提出过在一定条件下对资本家进行赎买的思想。中国共产党从中国的国情出发，确定了对私人资本主义工商业实行和平赎买的政策，即通过国家资本主义方式，逐步把资本主义企业改造成社会主义企业。1953年，中华人民共和国正式提出对资本主义工商业进行社会主义改造过程中对利润分配的规定，也是对资本主义进行和平赎买的方法。和平赎买主要适用于国家资本主义的初、中级形式。目的是通过合作，达到将私营工商业引上国家资本主义的轨道。具体做法是私营企业每年的利润采取四分法（俗称"四马分肥"），即30%左右上交，作为国家所得税；10%—30%作为企业的公积金，用于扩大再生产；职工福利资金占5%—15%，用于举办职工福利事业和奖励生产上的先进职工；剩余的25%左右作为资本家的股息红利（包括董事、监事和经理及厂长的酬劳金）。赎买政策的实行，不但减少了资产阶级对社会主义改造的阻力，而且有利于逐步把资本家改造成为自食其力的劳动者。

环境友好型社会

环境友好型社会，就是全社会都采取有利于环境保护的生产方式、生活方式、消费方式，建立人与环境良性互动的关系。建设环境友好型社会，就是要以人与自然和谐相处为目标，以环境承载力为基础，以遵循自然规律为准则，以绿色科技为动力，倡导环境文化和生态文明，构建经济社会环境协调发展的社会体系，实现可持续发展。

十六届五中全会明确提出要建设资源节约型、环境友好型社会，是以胡锦涛为总书记的党中央紧密结合中国国情，借鉴国际先进发展理念，着力解决中国经济发展与资源环境矛盾的一项重大战略决策，对于全面落实科学发展观，不断提高资源环境保障能力，实现国民经济又快又好发展具有重要意义。

机会主义

机会主义，也称投机主义，指为了达到自己的目标不择手段的做法，突出的表现是不按规则办事，视规则为腐儒之论，其最高追求是实现自己的目标，以结果来衡量一切，而不重视过程。如果它有原则的话，那么它的最高原则就是成王败寇。机会主义也可指工人运动或无产阶级政党内部出现的违背马克思主义根本原则的思潮、路线。它是资产阶级或小资产阶级思想的反映。机会主义有两种表现形式：一种是右倾机会主义，另一种是"左"

倾机会主义。

甲午中日战争

甲午中日战争（1894—1895），新兴的帝国主义国家日本为实现其"侵韩征华"的狂妄计划而发动的侵华战争。清政府被迫签订了反映列强瓜分世界、资本输出的侵略要求的《马关条约》，使中国社会半殖民地半封建化的程度大大加深了。

教条主义

教条主义是主观主义的一种表现形式，亦称本本主义。主要特点是从书本的个别定义、词句出发，不从实际出发。无产阶级革命队伍中的教条主义者，不把马克思列宁主义当作行动的指南，而是把它当作僵死的教条和不变的公式，到处生搬硬套。他们不愿做艰苦细致的调查研究工作，不肯动脑分析具体问题，反对理论和实践相结合，脱离实际，脱离群众。用这种思想方法指导工作，会给革命和建设事业带来严重危害。

阶级中的阶层

阶级中的阶层，通常指同一个阶级内，由于所处的经济地位不同而划分出的若干不同的层次。如根据生产资料的占有多寡不同，将资产阶级分为大资本家和中小资本家；旧中国是半殖民地半封建社会，资产阶级由于来源不同，依据对象不同，占有生产资料的方式不同，分为官僚资产阶级、买办资产阶级和民族资产阶级三个层次；土地改革时期，依据占有土地的多少和收入来源的不同，农民阶级曾被划分为雇农、贫农、下中农、中农、富裕中农几个层次。这些层次的划分有利于无产阶级更好地认识各阶级中的不同力量，进而采取不同的团结策略。知识分子是一个特殊的阶层，其阶级地位分属于它所服务的那个阶级。

解放思想

解放思想是指在马克思主义指导下打破习惯势力和主观偏见的束缚，研究新情况，解决新问题。解放思想就是使思想和实际相符合，使主观和客观相符合，就是实事求是。解放思想、实事求是是邓小平理论的哲学基础，它不是一个抽象空洞的哲学命题，而是以建设有中国特色社会主义和现代化建设为对象，是由实践到认识乃至理论的科学思想体系。解放思想不仅具有丰富的哲学理论性和文化思想性，更重要的是具有广泛的指导性和实践性。从实践到认识和从认识到实践的全过程，自始至终贯穿着马克思主义的立场、观点和方法。

科学发展观

科学发展观，是中共中央总书记胡锦涛在2003年7月28日的讲话中提出的"坚持以人为本，树立全面、协调、可持续的发展观，促进经济社会和人的全面发展"，按照"统筹城乡发展、统筹区域发展、统筹经济社会发展、统筹人与自然和谐发展、统筹国内发展和对外开放"的要求推进各项事业的改革和发展的一种方法论，也是中国共产党的重大战略思想。在中国共产党第十七次全国代表大会上写入党章，成为中国共产党的指导思想之一。

科学社会主义

科学社会主义是与空想社会主义相对而言的、关于社会主义的科学的理论体系、理论模型与实践模式。科学社会主义是人类一切文明成果的结晶。马克思、恩格斯运用辩证唯物主义的逻辑思维形式，在批判历代空想社会主义的基础上，以历史唯物主义的观点揭示和发现了人类社会发展的规律及当代资本主义经济运动的规律——剩余价值规律。马克思的这两个规律的发现使社会主义从空想变成了科学。科学社会主义是关于无产阶级解放斗争发展规律的科学，是一门政治科学，或者说是一门政治学。

空想社会主义

空想社会主义又称乌托邦社会主义，是产生于资本主义生产状况和阶级状况尚未成熟时期的一种社会主义学说，是现代社会主义思想来源之一。空想社会主义者相信在不久的将来可以建立理想的意识形态社会，并为之不懈努力奋斗。这种学说最早见于16世纪托马斯·莫尔的《乌托邦》一书，盛行于19世纪初期的西欧。空想社会主义者认为社会主义的理想社会应该建筑在人类的理性和正义的基础上，而这种社会至今还未出现，是由于人们不认识和不承认的缘故。他们觉得只要有天才掌握了这种思想，并推广开去，就能实现他们心中的理想社会。空想社会主义者反对资本主义，并认为资本主义的剥削制度是由于人类在道德和法律上犯了错误，背弃了人类的本性而产生的。

劳动对象

劳动对象指劳动本身所对应的客体，比如耕作的土地、纺织的棉花等。包括两大类：一是自然界的物质，即未经人类加工过的自然物，如矿藏；一是人类劳动加工过的，用作原材料的产品，如棉花、钢铁等。

劳动力

劳动力，即人的劳动能力，指蕴藏在人体中的脑力和体力的总和。物质资料生产过程是劳动力作用于生产资料的过程。离开劳动力，生产资料本身是不可能创造任何东西的。但是，在物质资料生产过程中，劳动力发挥作用，除了必须具备一定的生产经验和劳动技能或科学文化知识外，还必须具备一定量的生产资料，否则，物质资料生产过程也是不能进行的。劳动者在生产过程中运用自己的劳动力和生产工具，作用于劳动对象，既可以创造出物质财富，也可以不断提高自己的劳动技能。

历史唯物主义

历史唯物主义是马克思主义哲学的重要组成部分，也被称为"唯物主义历史理论"或"唯物史观"。历史唯物主义为马克思和恩格斯所创立，以黑格尔的辩证法，结合费尔巴哈的唯物论，去解释人类历史演变的过程，并被列宁、毛泽东等人所发展，被认为是马克思主义的社会历史观和认识、改造社会的一般方法论。因其主要关注的是对历史规律的阐明，因而历史唯物主义可以归入历史哲学，具体地说是一种思辨的历史哲学。

历史唯物主义认为历史发展是客观的和有其特定规律的，其最基本的规律就是生产力决定生产关系，生产关系对生产力有反作用（可能促进或阻碍）。伴随着生产力的发展，人类社会会历经原始社会、奴隶社会、封建社会、资本主义社会、社会主义社会，最终走向共产主义社会。

马克思列宁主义

马克思列宁主义是马克思主义和列宁主义的统称。马克思主义是对马克思和恩格斯的观点和学说的总体称谓，是无产阶级及其政党的十分严整而彻底的世界观，是无产阶级开展解放运动的理论指导，是无产阶级根本利益的科学表现。列宁主义是帝国主义和无产阶级革命时代的马克思主义，是由列宁和他的战友在参加和领导俄国和国际工人运动的实践活动中，在同第二国际机会主义作斗争中，总结无产阶级新的历史经验和科学发展的新成果而形成的。它使无产阶级专政成为现实，使社会主义从科学的理论变成现实的社会制度。

马克思主义

马克思主义是马克思、恩格斯在19世纪工人运动实践基础上创立的理论体系。马克思主义主要以唯物主义角度编写而成。马克思主义理论体系包括三部分，即马克思主义哲学、马克思主义政治经济学、科学社会主义，分别是马克思、恩格斯受德国古典哲学、英国古典政治经济学、法国空想社会主义影响，并在此基础上创立的。马克思主义作为内涵丰富、外延无限的一整套严密的思想体系，我们可以从不同方面对其进行不同的定义。马克思主义从它的创造者、继承人的认识成果上讲，可以定义为：马克思主义是马克思、恩格斯创建的马克思主义者不断加以丰富发展的观点和学说的体系；从它的阶级属性讲，可以定义为：马克思主义是关于无产阶级和人类解放的科学，尤其是关于无产阶级斗争的性质、目的和条件的学说；从它的研究对象讲，可以定义为：马克思主义是一个内容极其丰富的、宏伟的、科学的理论体系，是关于自然、社会和思维发展普遍规律的学说，特别是关于资本主义发展和转变为社会主义，以及社会主义和共产主义发展普遍规律的学说。

马克思主义哲学

马克思主义哲学是关于自然、社会和思维发展的一般规律的科学，是唯物论和辩证法的统一，是唯物论自然观和历史观的统一。它是在继承和发展了德国的古典哲学，英国的古典政治经济学，英国、法国的空想社会主义下形成的马克思主义的三个组成部分之一。马克思主义哲学的主要理论来源是辩证法和唯物论，辩证唯物主义和历史唯物主义是马克思主义哲学的两大组成部分，实践概念是它的基础。

马克思主义政治经济学

马克思主义政治经济学，是马克思主义的重要组成部分。它既是我们从理论高度认识和研究资本主义的经济科学，也是我们进行社会主义经济建设和改革开放的理论指导。马克思主义政治经济学，首先包括马克思创建的政治经济学的基本原理和方法，也包括后来由列宁、毛泽东、邓小平和党中央发展了的经济思想与理论，还包括经济学界以马克思主义为指导研究当代资本主义和社会主义所取得的有关成果。马克思主义政治经济学的基本观点主要包括在马克思的重要著作《资本论》中，在《资本论》

中，马克思研究了资本主义经济学的理论和英国历年的经济统计资料，对资本主义经济学理论进行了分析和批判。

毛泽东思想

毛泽东思想是马克思列宁主义普遍原理和中国革命具体实践相结合的产物。它是以毛泽东同志为主要代表的中国共产党人运用马克思主义的立场、观点和方法，把中国长期革命和建设实践中的一系列独创性经验作了理论概括而形成的适合中国情况的科学的指导思想。它是马克思列宁主义在中国的运用和发展，是被实践证明了的适合中国革命和建设的正确的理论原则和经验总结，是中国共产党集体智慧的结晶。

民族资产阶级

民族资产阶级是中国共产党在其阶级斗争的理论中创造出来的一个概念，指的是半殖民地半封建社会下，自身的经济发展与外国资本主义没有太多联系，资本相对于官僚资产阶级或买办资产阶级势力较弱的一类资产阶级团体。中华人民共和国国旗的其中一颗小星就代表着"民族资产阶级"。

南昌起义

1927年4月和7月，国民党蒋介石集团和汪精卫集团，先后在上海和武汉发动反革命政变，国共合作的大革命遭到失败。为挽救中国革命，中共中央决定举行武装起义。8月1日，周恩来、贺龙、叶挺、朱德、刘伯承等领导国民革命军2万余人在南昌起义，汪精卫急令张发奎、朱培德等部向南昌进攻。8月3日起，起义军分批撤出南昌，向广东进发，沿途多次打破国民党军的阻截，于9月下旬到达广东潮州、汕头。10月初，起义军进攻汤坑失利，部队大部分被打散。剩余部队一部分加入海陆丰地区的革命军队，一部分在朱德、陈毅率领下，转战闽粤赣湘边，最后保存下来的起义军约800人，参加了湘南起义，并于1928年4月到达井冈山革命根据地，同毛泽东领导的湘赣边界秋收起义部队会合。南昌起义打响了武装反抗国民党反动派的第一枪，标志着中国共产党独立地创造革命军队和领导革命战争的开始，8月1日也成了中国人民解放军的建军节。

农业生产合作社

农业生产合作社，亦称"农业合作社"，简称"农业社"，是新中国农民为共同发展农业生产，自愿联合组成的社会主义集体经济组织。我国的农业生产合作社，一般是在农业合作化运动中，以带有社会主义萌芽性质的农业生产互助组为基础而建立起来的。按照集体化程度的不同，可分为半社会主义性质的初级农业生产合作社和完全社会主义性质的高级农业生产合作社两种形式。

人民代表大会制度

　　人民代表大会制度，简称人大或人代会，是中华人民共和国的根本政治制度，是代表中国人民行使国家权力的国家机关，是中国人民民主专政政权的组织形式，是社会主义上层建筑的重要组成部分。人民代表大会制度是在中国共产党领导下，中国人民在长期革命斗争中创造和发展起来的。它既借鉴了巴黎公社"议行合一"的原则和苏维埃政权建设的经验，又是对革命根据地政权建设工作的经验总结。

人民民主专政

　　人民民主专政是在《中华人民共和国宪法》中使用的一个概念，由毛泽东提出，毛泽东说，"人民民主专政"即"人民民主独裁"。毛泽东对此的解释是："剥夺反动派的发言权，只让人民有发言权。"在这个概念当中，"专政"没有被当作贬义词使用，中国共产党视之为适合中国特殊国情的政治架构形式。这是因为中国共产党和中华人民共和国始终代表最广大人民的根本利益，可以使用专制的方法来对待敌对势力以维持人民民主政权。中国共产党领导的人民民主政权在人民内部实行民主，逐步扩大社会主义民主，发展社会主义民主政治；对境内外敌对势力和犯罪分子实行专政。

人民群众

人民群众是共产党及马克思主义论述中常使用的基本概念，主要指阶级社会中从事生产的劳动群众和劳动知识分子的主体性角色。然而，人民群众是个具体的、历史的概念。它的具体性在于有质和量的规定性。从质的规定性上看，是指对历史发展起推动作用的一切人，但在不同的历史时期，其表现不同。人民群众概念所包含的内容和范围，是由革命的对象和任务所决定的，在社会发展的不同历史时期，随着革命对象和任务的变化而具有不同的内容，所以又说它是一个历史的概念。例如，在我国抗日战争时期，民族矛盾上升为主要矛盾，革命的对象和任务是把日本帝国主义赶出中国去。这时，一切抗日的阶级、阶层和社会集团都属于人民的范畴；汉奸、亲日派则是人民的敌人。在解放战争时期，美帝国主义和它的走狗即官僚资产阶级、地主阶级以及代表这些阶级的国民党反动派，都是人民的敌人；而一切反对这些敌人的阶级、阶层和社会集团，都属于人民。从量的规定性上看，人民群众是指一个社会的基本群众，是多数。不管历史情况发生怎样的变化，人民群众的主体和稳定部分，始终是从事物质资料生产的劳动群众和不剥削他人的脑力劳动者。

三湾改编

1927年湘赣边界秋收起义后，毛泽东率起义部队到达江西永新县三湾村。毛泽东在三湾村主持召开前委会议并对部队进行整编，由于部队减员较多，剩下的不满千人，因此把原来一个师缩编为一个团，称工农革命军第一军第一师第一团，在军队中建立党的各级组织，营团建党委，连设支部，连以上各级均设党代表，班设党小组，全军由毛泽东任书记的前委领导。这次改编还确立了军队内的民主制度。三湾改编在人民军队的建军史上具有重要意义，确立了党对军队的绝对领导，保证了军队的无产阶级性质。三湾改编所确立的"党指挥枪"的原则，从政治和组织上奠定了新型人民军队的基础。

社会必要劳动时间

社会必要劳动时间是与"个别劳动时间"相对而言的，指在现有的社会正常的生产条件下，在社会平均的劳动熟练程度和劳动强度下制造某种使用价值所需要的劳动时间。这里的"现有的社会正常的生产条件"是指现时某生产部门的平均生产条件，或大多数商品生产者所具有的生产条件，其中最主要是劳动工具的状况；这里的"平均的劳动熟练程度和劳动强度"是指中等水平或部门的平均劳动熟练程度和劳动强度。如生产一件上衣，各个商品生产者由于设备、技术熟练程度等差别，个别劳动时间从2小时到4小时不等，但一般用3小时的劳动就能生产出来，这3小时就是生产上衣的社会必要劳动时间，它随社会劳动生产率的提高而减少。另外，马克思在分析社会生产各部门之间按比例分配社会总劳动的必要性时，提出另一个意义上的社会必要劳动时间，是指满足社会对某种产品的需要而必须分配到某一部门去的那部分社会劳动时间，如社会需要10万双鞋，每双鞋需平均耗费社会劳动时间1小时，则生产鞋所需的社会必要劳动时间为10万小时。

社会主义

社会主义是一套经济体系和政治理论，主张或提倡公共或以整个社会作为整体，来拥有和控制生产资料（产品、资本、土地、资产等），其管理和分配基于公众利益。其提倡由集体或政府拥有与管理生产工具，分配物资。社会主义分为了诸多流派，从建立合作经济管理结构到废除等级制度以至于自由联合。作为一项政治运动，社会主义的政治哲学主张从改良主义到革命社会主义均有分布。如国家社会主义主张通过推动生产、分配和交换全方位的国有化来实现社会主义；自由社会主义倡导工人传统地控制生产方式，反对国家权力来进行管理；民主社会主义则通过民主化进程来寻求建立社会主义。

现代社会主义理论始于18世纪知识分子与工人阶级发起的批评工业化与私有财产对社会影响的政治运动。早期的空想社会主义者，诸如罗伯特·欧文曾试图建立一个自给自足并脱离资本主义社会的公社；而圣西门则创造了名词socialisme，提倡技术官僚与计划工业的应用。马克思和恩格斯共同设计创造了一个理想的社会制度，通过除去导致不合格与周期性生产过剩的无政府主义和资本主义生产，来允许广泛应用现代科技，从而将经济活动合理化。在19世纪初期，社会主义还只是表明关注社会问题；到了19世纪末期，社会主义已经成为了建立基于社会共有的新体制的推动力，并站到了资本主义的对立面。

社会主义工业化

社会主义工业化就是原来经济比较落后的社会主义国家建立强大的现代工业，变落后的农业国为先进的工业国的过程。在我国，实现社会主义工业化，要求建成一个基本上完整的工业体系，使工业生产在社会生产中占主要地位，只有实现社会主义工业化，才能以先进的技术装备农业和国民经济各部门，迅速发展社会生产力，巩固和发展社会主义生产关系，建立独立的国民经济体系和强大的国防，壮大工人阶级力量，巩固工农联盟，加强人民民主专政。

社会主义和谐社会

社会主义和谐社会是人类孜孜以求的一种美好社会，是马克思主义政党不懈追求的一种社会理想。中外历史上都产生过不少有关和谐社会的思想。进入21世纪后，中共十六大和十六届三中全会、四中全会，从全面建设小康社会、开创中国特色社会主义事业新局面的全局出发，明确提出构建社会主义和谐社会的战略任务，并将其作为加强党的执政能力建设的重要内容。中共十六大报告第一次将"社会更加和谐"作为重要目标提出。中共十六届四中全会，进一步提出构建社会主义和谐社会的任务。根据马克思主义基本原理和中国社会主义建设的实践经验，根据新世纪新阶段中国经济社会发展的新要求和中国社会出现的新趋势、新特点，我们所要建设的社会主义和谐社会，应该是民主法治、公平正义、诚信友爱、充满活力、安定有序、人与自然和谐相处的社会。

社会主义核心价值体系

社会主义核心价值体系，其基本内容包括马克思主义指导思想、中国特色社会主义共同理想、以爱国主义为核心的民族精神和以改革创新为核心的时代精神、社会主义荣辱观。

社会主义精神文明

社会主义精神文明是中国共产党在新时期提出的一个马克思主义的新概念。邓小平同志高度重视精神文明建设，并把精神文明建设看作社会主义社会的重要特征之一。以邓小平同志为代表的当代中国共产党人，在改革开放和现代化建设过程中，创建了社会主义精神建设理论。这一理论集中体现在邓小平同志的一系列重要论述和党中央的一系列重要文献中，党的十二届六中全会上通过的《中共中央关于社会主义精神文明建设指导方针的决议》体现得尤其明显。

社会主义社会

社会主义社会，是一种社会形态，指用马克思主义理论指导，重视社会福利，采用财产公有制的，通常是共产主义政党专政、工人阶级领导的社会。按照马克思主义理论，社会主义社会是资本主义社会向共产主义社会的过渡性社会形态。

社会主义文化

社会主义文化是以科学发展为主题，以建设社会主义核心价值体系为根本任务，以满足人民精神文化需求为出发点和落脚点，以改革创新为动力，发展面向现代化、面向世界、面向未来的，民族的科学的大众的社会主义文化。

生产关系

生产关系是指在物质生产过程中形成的人们之间的社会关系，它集中体现了人们之间的物质利益关系。生产关系的内容包括人们在一定的生产资料所有制基础上形成的、在社会生产总过程中发生的生产、分配、交换和消费的关系。

生产力

生产力，又称"社会生产力"，是人们征服自然、改造自然、获得物质资料的能力。生产力和生产关系是社会生产不可分割的两个方面。生产力包括劳动者、劳动资料和劳动对象三大要素。

生产资料

生产资料，也称作生产手段，是马克思主义理论家认定的生产力三要素之一。生产资料主要指劳动者进行生产时所需要使用的资源和工具。一般包括土地、厂房、机器设备、工具、原料，等等。生产资料是生产过程中的劳动资料和劳动对象的总和，它是任何社会进行物质生产所必备的物质条件。

剩余价值

根据马克思主义理论，剩余价值是指从劳动者的劳动价值中剥削出来的利润（劳动价值和工资之间的差异），即"劳动者创造的被资产阶级无偿占有的劳动"。剩余价值概念是马克思主义政治经济学的核心概念，马克思主义政治经济学认为资本主义生产的实质就是剩余价值的生产，剩余价值规律是资本主义的基本经济规律，它决定着资本主义的一切主要方面和矛盾发展的全部过程，决定着资本主义生产的高涨和危机，决定着资本主义的发展和灭亡。

十月革命

十月革命（又称布尔什维克革命、俄国共产革命等），是1917年俄国革命经历了二月革命后的第二个阶段。十月革命发生于1917年11月7日（俄历10月25日）。前苏联、中国等社会主义国家及组织普遍认为，十月革命是经列宁和托洛茨基领导下的布尔什维克领导的武装起义，建立了人类历史上第二个无产阶级政权（第一个是巴黎公社无产阶级政权）和由马克思主义政党领导的第一个社会主义国家——苏维埃俄国。革命推翻了以克伦斯基为领导的资产阶级俄国临时政府，为1918年—1920年俄国内战和1922年苏联成立奠定了基础。

实事求是

实事求是出自《汉书·河间献王刘德传》的"修学好古，实事求是"一句。毛泽东在《改造我们的学习》一文中，对这一古语作了新的解释，他说："'实事'就是客观存在着的一切事物，'是'就是客观事物的内部联系，即规律性，'求'就是我们去研究。我们要从国内外、省内外、县内外、区内外的实际情况出发，从其中引出其固有的而不是臆造的规律性，即找出周围事物的内部联系，作为我们行动的向导。而要这样做，就须不凭主观想象，不凭一时的热情，不凭死的书本，而凭客观存在的事实，详细地占有材料，在马克思列宁主义一般原理的指导下，从这些材料中引出正确的结论。"

私有制

私有制，也叫所有制，是相对于公有制的经济制度，是在这种制度下进行的生产资料个人或集体的排他性占有。私有制是剥削社会（以奴隶社会、封建社会、资本主义、特权主义和专制社会为代表）的基本标志之一。

思想路线

思想路线就是认识问题、解决问题所遵循的方向、道路及基本方法。党的思想路线是指导政党实践活动的思维方式和原则。一定的思想路线是以一定的世界观和方法论为理论依据的。

四个现代化

四个现代化，即工业现代化、农业现代化、国防现代化、科学技术现代化。1954年召开的第一届全国人民代表大会，第一次明确地提出要实现工业、农业、交通运输业和国防的四个现代化的任务，1956年又一次把这一任务列入党的八大所通过的党章中。1964年12月第三届全国人民代表大会第一次会议上，中华人民共和国国务院总理周恩来根据中国共产党中央委员会主席毛泽东的建议，在代表中华人民共和国国务院向第三届全国人民代表大会所作的《政府工作报告》中首次提出，在20世纪内，把中国建设成为一个具有现代农业、现代工业、现代国防和现代科学技术的社会主义强国，并宣布了实现"四个现代化"目标的"两步走"设想。

四人帮

四人帮指王洪文、张春桥、江青、姚文元四人在文化大革命期间所结成的帮派。"四人帮"这一称谓最先由毛泽东于1974年1月初在对江青等人借"批林批孔"之机把矛头指向周恩来的批评中提出。"四人帮"成员早期是中央文革小组的重要成员，后全部进入中央政治局，并担任极其重要的职位。

统筹兼顾

统筹兼顾，就是要求我们在工作中要做到总揽全局、协调各方、统筹谋划、兼顾全面，充分调动一切积极因素，妥善处理各种利益关系，着力加强经济社会发展的薄弱环节。

万隆会议

万隆会议，又称第一次亚非会议，召开于1955年4月18日—4月24日，是部分亚洲和非洲的第三世界国家在印度尼西亚万隆召开的国际会议，也是亚非国家第一次在没有殖民国家参加的情况下讨论亚非事务的大型国际会议。万隆会议的主要目的是促进亚非国家之间的经济文化交流，并共同抵制美国与苏联的殖民主义和新殖民主义活动。以周恩来总理为首的中国代表团，坚持"求同存异"的方针，开展了卓有成效的工作，推动会议在和平共处五项原则基础上达成了"万隆十项原则"，作出了历史性贡献。

唯物主义

唯物主义即唯物论，是一种哲学理论，肯定世界的基本组成为物质，物质形式与过程是我们认识世界的主要途径，持着"只有事实上的物质才是真实存在的实体"这一种观点，并且被认为是物理主义的一种形式。该理论的基础是，所有的实体（和概念）都是物质的一种构成或者表达，并且，所有的现象（包括意识）都是物质相互作用的结果，在意识与物质之间，物质决定了意识，而意识则是客观世界在人脑中的生理反应，也就是有机物出于对物质的反应。因此，物质是唯一事实上存在的实体。作为对现实世界的一种解释，唯物主义是唯心主义和心灵主义的一个对立面。

唯物主义有机械唯物主义和辩证唯物主义的区别，机械唯物主义认为物质世界是由各个个体组成的，如同各种机械零件组成一个大机器，不会变化；辩证唯物主义认为物质世界永远处于运动与变化之中，是互相影响、互相关联的。机械唯物论的代表人物是费尔巴哈，辩证唯物论的代表人物是马克思、恩格斯和列宁。

唯心主义

唯心主义即唯心论，又译作理念论、观念论，是哲学中对思想、心灵、语言及事物等彼此之间关系的讨论及看法。唯心论秉持世界或现实如同精神或意识，都是根本的存在。唯心论直接相对于唯物论，后者认为世界的基本成分为物质，我们对世界的认识主要是通过物质，并将其视为一种物质形式与过程。唯心论同时也反对现实主义的哲学观，后者认为在人类的认知中，我们对物体的理解与感知，与物体独立于我们心灵之外的实际存在是一致的。

马克思主义哲学则认为唯心论是哲学上的两大基本派别之一，是与唯物论对立的理论体系。唯心论在哲学基本问题上主张精神、意识的第一性，物质的第二性，也就是说，唯心论主张物质依赖意识而存在，物质是意识的产物的哲学派别，并认为可以区分为主观唯心论和客观唯心论两种基本类型。

文化大革命

无产阶级文化大革命，通称文化大革命，简称文革，是中华人民共和国始于1966年的一场重大政治运动，被广泛认为是自1949年建国至今最动荡不安的灾难性阶段，常被冠以"十年动乱"、"十年浩劫"、"文化浩劫"。

文革的指导思想来源于斯大林在《联共(布)党史简明教程》中

讲到同布哈林右倾机会主义分子作斗争时，引证了列宁1919年说过的一段话："消灭阶级要经过长期的、艰难的、顽强的阶级斗争。在推翻资产阶级政权以后，在破坏资产阶级国家以后，在建立无产阶级专政以后，阶级斗争并不是消失，而只是改变它的形式，在许多方面变得更加残酷。"毛泽东认为苏联的党和国家的领导被以赫鲁晓夫为首的修正主义者篡夺了。据此毛泽东提出的所谓"四个存在"理论，即"社会主义社会是一个相当长的历史阶段，在这个历史阶段中，始终存在着阶级、阶级矛盾和阶级斗争，存在着社会主义同资本主义两条道路的斗争，存在着资本主义复辟的危险性，存在着帝国主义和社会帝国主义进行颠覆和侵略的威胁。"在此基础上，毛泽东发展出在"无产阶级专政下继续革命的理论"。

文革自1966年5月16日开始，结束于1976年10月四人帮被粉碎。在1977年中共十一大上，中共中央主席华国锋正式宣布"文化大革命"结束。

文化大革命的指导思想和活动性质均在中国共产党第十一届六中全会于1981年6月27日一致通过的《关于建国以来党的若干历史问题的决议》中被正式否定，决议认为毛泽东应负上主要责任。该决议的正式表述是："'文化大革命'是一场由领导者错误发动，被反革命集团利用，给党、国家和各族人民带来严重灾难的内乱。"

无产阶级

根据马克思主义理论，无产阶级一词指不拥有生产资本，单纯靠出卖劳动力获取收入的劳动者。马克思主义理论把无产阶级划分为普通无产阶级和下层无产阶级。在实际使用的含义中，近似地等同于近代以来出现的，主要受雇于资本家，依靠雇佣工资生活的工人群体。在马克思的理论中，无产阶级是被资产阶级通过剥削其生产价值和工资之间的差异（剩余价值）以获得利润的对象，因此，其大多在生存水平线上挣扎，教育相对落后（除非有极佳的社会福利），直到难以生存时，便容易铤而走险，当人数够多时，便会起身革命，尝试推翻现有政府及资本家。在社会主义社会，工人阶级已摆脱了被剥削、被压迫的地位，成为掌握国家政权的领导阶级。

五四运动

五四运动发生于1919年5月4日，是一场发生于中国北京、以青年学生为主的学生运动，以及包括广大群众、市民、工商界人士等中下阶层广泛参与的一次示威游行、请愿、罢课、罢工、暴力对抗政府等多形式的爱国运动。事件起因在第一次世界大战完结后举行的巴黎和会中，列强肆意践踏中国主权，把德国在山东的权益转让给日本，即山东问题。当时北洋政府未能捍卫国家利益，在列强面前显得软弱，国人异常不满，从而上街游行表达不满。以学生斗争为先导的五四爱国运动由此爆发，运动迅速波及全国。6月3日起，运动的主力由学生转变为工人阶级，中国工人阶级开始以独立的姿态登上政治舞台，各地工人纷纷举行罢工抗议活动。五四运动是中国革命史上具有划时代意义的事件，标志着中国新民主主义革命的开端。

广义的五四运动则是指自1915年中日签订《二十一条》至1926年北伐战争之间，中国知识界和青年学生反思中国传统文化，追随"德先生"（民主）与"赛先生"（科学），探索强国之路的新文化运动的继续和发展。1924年4月19日，中国共产党中央局委员长陈独秀、秘书毛泽东联名发出通告，第一次要求各地党和团的组织开展"五一"、"五四"、"五五"、"五七"纪念和宣传活动，强调恢复国权运动、新文化运动，纪念五五（马克思诞辰），目的在于传播马克思主义。1939年八路军总政治部、中央青委发出《关于部队纪念"五四"青年节工作的指示》，明确指出中央青委决定每年5月4日为中国青年节。

五位一体

"五位一体"是十八大报告的"新提法"之一。经济建设、政治建设、文化建设、社会建设、生态文明建设——着眼于全面建成小康社会、实现社会主义现代化和中华民族伟大复兴，党的十八大报告对推进中国特色社会主义事业作出"五位一体"总体布局。

小资产阶级

小资产阶级，指占有一定的生产资料或有少量财产的私有者，一般指不受他人剥削，也不剥削别人（或仅有轻微剥削），主要靠自己劳动为生的个体劳动者阶级。它在资本主义社会里是非基本的阶级，亦称为中间等级，主要包括农民、小手工业者、小商人、小业主等。作为劳动者，在思想上倾向于无产阶级；作为私有者，又倾向于资产阶级，极易受资产阶级思想的影响。因此，在反对封建主义的斗争中既具有革命性，同时也存在政治上的动摇性、斗争中的软弱性和革命的不彻底性。随着资本主义的发展，他们不断地向两极分化，大部分破产沦落为无产阶级或半无产阶级，小部分发财上升为资产阶级。

新民主主义

新民主主义，是中共领导人毛泽东提出的关于殖民地半殖民地国家的无产阶级领导民主革命的理论，曾经是毛泽东思想的核心内容。毛泽东当时认为在实行共产主义之前，必须先经过新民主主义这一过渡性的阶段，这一理论在毛泽东的《新民主主义论》（1940年1月9日陕甘宁边区）一文中有充分论述。《新民主主义论》的发表，不仅标志着毛泽东创立了完整的新民主主义革命理论，而且创立了全新的新民主主义社会理论。2月20日毛泽东在延安各界宪政促进会成立大会上的《新民主主义的宪政》中否定"由一党一派一阶级来专政"。后来，他在《论联合政府》、《论人民民主专政》等著作中又做了进一步阐述和发挥，使其更加系统和完整。然而，1953年毛泽东执政后却猛烈批判"确立新民主主义社会秩序"，明确放弃新民主主义。

形而上（学）

形而上出自《易经·系辞》，原文为"形而上者谓之道，形而下者谓之器"。用现代的思维讲，形而下就是指具体的器物（可以拓展到感性的事物），形而上就是指比较抽象的规律（包含做人做事的原则）。形而上是精神方面的宏观范畴，用抽象（理性）思维，形而上者道理，起于学，行于理，止于道，故有形而上者谓之道；形而下是物质方面的微观范畴，用具体（感性）思维，形而下者器物，起于教，行于法，止于术，故有形而下者谓之器。

形而上学（metaphysics，意为"物理学之后"）是哲学术语，哲学史上指哲学中探究宇宙根本原理的部分。马克思认为形而上学是指与辩证法对立的，用孤立、静止、片面的观点观察世界的思维方式。黑格尔把形而上学作为与辩证法相对立的一种机械教条的研究方法来批判，因此，形而上学也可以被表述成为教条主义。

鸦片战争

鸦片战争（1840—1842），英国为了把中国变为其殖民地而发动的侵华战争，清政府被迫签订了《南京条约》及其附件《黄埔条约》、《望厦条约》等中国近代第一批不平等条约，使中国历史发生了巨变，中国开始进入半殖民地半封建社会。

延安整风运动

延安整风运动，一般又称作延安整风、抢救运动、抢救失足者运动，是中国共产党自1942年2月开始在陕甘宁边区延安根据地所发动的一场政治和文化的运动，持续了约3年时间。所谓的整风是指"整顿三风"，包括"反对主观主义以整顿学风，反对宗派主义以整顿党风，反对党八股以整顿文风"。整风运动的实行，使毛泽东在党中央的地位更为确立，也使共产党对于干部和党员的领导更为有力。

以人为本

以人为本是科学发展观的核心，回答了为谁发展、靠谁发展的问题，指明了我国经济社会发展的价值取向和依靠力量。我们提出以人为本的根本含义，就是坚持全心全意为人民服务，立党为公、执政为民，始终把最广大人民的根本利益作为党和国家工作的根本出发点和落脚点，坚持尊重社会发展规律与尊重人民历史主体地位的一致性，坚持为崇高理想奋斗与为最广大人民谋利益的一致性，坚持完成党的各项工作与实现人民利益的一致性，坚持保障人民利益与促进人的全面发展的一致性，坚持发展为了人民、发展依靠人民、发展成果由人民共享。

中法战争

中法战争（1883—1885），法国以越南为跳板发动的对华侵略战争。由于清政府的腐败，在法国的逼迫下签订了《中法新约》，法国由此打开了中国西南的门户。

中国共产党全国代表大会

中国共产党全国代表大会是中国共产党的最高领导机关，在党内拥有最高决策权。《中国共产党章程》规定，每五年举行一次，由中央委员会负责筹办。中央委员会认为有必要，或者三分之一以上的省一级组织提出要求，全国代表大会可以提前举行，如无非常情况，不得延期举行。其职权是听取和审查中央委员会的报告；听取和审查中央纪律检查委员会的报告；讨论和决定党的重大问题；修改党章；选举中央委员会；选举中央纪律检查委员会。大会闭会期间，中央委员会执行全国代表大会的决议，领导党的全部工作，对外代表中国共产党。

中国特色社会主义共同理想

中国特色社会主义共同理想是社会主义核心价值体系的基本内容的一部分。即坚定对中国共产党的信任，坚定走中国特色社会主义道路，坚定实现中华民族的伟大复兴。

资本主义

资本主义，也被称为自由市场经济或自由企业经济，其特色是个人或是企业拥有资本财产，且投资活动是由个人决策左右，而非由国家所控制，一般并没有准确之定义，不同的经济学家也对资本主义有不同的定义。一般而言，资本主义指的是一种经济学或经济社会学的制度，在这样的制度下绝大部分的生产资料都归私人所有，并借着雇佣或劳动的手段以生产资料创造利润。在这种制度里，商品和服务借由货币在自由市场里流通。投资的决定由私人进行，生产和销售主要由公司和工商业控制并互相竞争，依照各自的利益采取行动。

资产阶级

资产阶级是指占有社会生产资料并使用雇佣劳动的现代资本家阶级，其本质是以生产资料为手段无偿占有雇佣工人的劳动，是现代社会中的主要剥削阶级。

资源节约型社会

资源节约型社会是指在生产、流通、消费等领域，通过采取法律、经济和行政等综合性措施，提高资源利用效率，以最少的资源消耗获得最大的经济和社会收益，保障经济社会可持续发展。

自然经济

自然经济，也叫小农经济，是商品经济的对立面，是私有制经济的一种表现，是存在于市场范围比较小的一种经济形态，是社会生产力水平低下和社会分工不发达的产物。该种经济形态占统治地位的持续时间涵盖原始社会、封建社会以及早期的资本主义社会与半殖民地半封建社会。

宗派主义

宗派主义是指党内存在的一种以宗派利益为出发点的思想和行为，是封建宗派思想、资产阶级、小资产阶级思想在组织上的表现。主要表现为：在个人与党的关系上，把个人放在第一位，把党放在第二位，向党闹独立性；在组织上，任人唯亲，在同志中拉拉扯扯，把资产阶级的庸俗作风搬进党里来；在党内关系上，只强调局部利益，只要民主，不要集中，不遵守个人服从组织、少数服从多数、下级服从上级、全党服从中央的民主集中制原则，进行无原则的派别斗争；在和党外人士的关系上，妄自尊大，骄傲自满，不尊重人家，不学习人家的长处，不愿和人家合作等。

最低纲领、最高纲领

最低纲领通常指无产阶级政党在民主革命时期的奋斗目标。1922年中国共产党第二次全国代表大会制定的最低纲领是完成反帝反封建的民主革命。最高纲领通常指无产阶级政党的最终奋斗目标，即实现共产主义。

左倾、"左"倾、右倾

左倾是指政治上追求进步、同情劳动人民的倾向。

而带引号的"左"倾，则是政治思想上超越客观，脱离社会现实条件，陷入空想、盲动和冒险的倾向。所以，为了表示贬义，特在左字上添加了引号，即"左"倾，以区别于真正的左倾。在中国共产党的历史上，曾多次出现过"左"倾错误。新民主主义革命时期曾有三次：瞿秋白、李立三、王明的"左"倾冒险主义，甚至一度在党中央机关占据过统治地位。

右倾是指政治思想上，认识落后于实际，不能随变化了的客观情况变化、前进，甚至违背客观发展规律的倾向。右倾机会主义在政治斗争中往往放弃原则，牺牲无产阶级的根本利益而求得妥协，又叫右倾投降主义。

陈独秀

陈独秀（1879—1942），安徽怀宁人，思想家、政治人物，中国共产党的主要创建者之一及首任总书记。中国新文化运动的发起人，中国文化启蒙运动的先驱，创办了著名白话文刊物《新青年》，也是五四运动的精神领袖，中国共产主义运动的先行者，中国共产党创始人和早期领导人之一。他于1927年7月被共产国际剥夺中共党内领导职务。1929年因为在中东路事件中反对当时中共提出的"武装保卫苏联"的口号，被开除党籍。之后，陈独秀思想开始向托洛茨基靠近，对斯大林进行了批判，并于1931年成立中国托派组织。

邓小平

邓小平（1904—1997），本名邓希贤，参加革命后取名邓小平，1904年8月22日出生在中国西南最大的省——四川省的农村，是中国共产党第一代中央领导集体的重要成员和第二代中央领导集体的核心，是我国各族人民公认的享有崇高威望的杰出领导人。他在中国革命和建设的各个历史时期都作出了重大贡献，是杰出的马克思主义者和坚定的共产主义者，是中国改革开放和社会主义现代化建设的总设计师，是邓小平理论的主要创立者。

恩格斯

弗里德里希·冯·恩格斯（1820—1895），德国思想家、哲学家、革命家，全世界无产阶级和劳动人民的伟大导师，马克思主义的创始人之一。恩格斯是卡尔·马克思的挚友，被誉为"第二提琴手"，他为马克思从事学术研究提供了大量经济上的支持。在马克思逝世后，将马克思的大量手稿、遗著整理出版，并且成为国际工人运动众望所归的领袖。

李大钊

李大钊（1889—1927），字守常，河北乐亭人，中国共产党主要创立人之一，中国最早的马克思主义者和共产主义者之一，是中国国民党第一届中央执行委员会委员之一，也是在北伐时期推翻北洋军阀政府的要员之一，同时是共产国际的成员及其在中国的代理人。1927年被捕后遭张作霖处决。李大钊在中国共产主义运动和民族解放事业中，占有崇高的历史地位。

列宁

列宁（1870—1924），原名弗拉基米尔·伊里奇·乌里扬诺夫，列宁是他的笔名。列宁是无产阶级革命家、政治家、思想家、理论家，布尔什维克党创立者、苏联缔造者，任苏联人民委员会主席。他继承和发展了马克思主义，形成了列宁主义理论。他被全世界共产主义者广泛认同为"全世界无产阶级和劳动人民的伟大革命导师和领袖"，也被世人认为是20世纪最伟大的人物之一。俄罗斯国家电视台2008年进行了一项关于国内最伟大历史人物的网上民意调查评选活动，经过统计，列宁位列第六，位于亚历山大·涅夫斯基、斯托雷平、斯大林、普希金、彼得大帝之后。

马克思

卡尔·亨利希·马克思（1818—1883），马克思主义的创始人，第一国际的组织者和领导者，全世界无产阶级和劳动人民的伟大导师、政治家、哲学家、经济学家、革命理论家。主要著作有《资本论》、《共产党宣言》。他是无产阶级的精神领袖，是当代共产主义运动的先驱，支持他理论的人被视为马克思主义者。马克思最广为人知的哲学理论是他对于人类历史进程中阶级斗争的分析。他认为几千年以来，人类发展史上最大的矛盾与问题就在于不同阶级之间的利益掠夺。依据历史唯物论，马克思曾大胆地假设，资本主义终将被共产主义所取代。

毛泽东

毛泽东（1893—1976），字润之（原作咏芝，后改润芝），笔名子任，湖南湘潭人。中国革命家、战略家、理论家、诗人，中国共产党、中国人民解放军和中华人民共和国的主要缔造者和领袖，毛泽东思想的主要创立者。从1949年到1976年，毛泽东是中华人民共和国的最高领导人。他对马克思列宁主义的发展、军事理论的贡献以及对共产党的理论贡献被称为毛泽东思想。毛泽东担任过的主要职务几乎全部称为"主席"，所以被尊称为"毛主席"。毛泽东被视为现代世界历史中最重要的人物之一，《时代》杂志将他评为20世纪最具影响的100人之一。

斯大林

约瑟夫·维萨里奥诺维奇·斯大林（1879—1953），苏联共产党中央总书记、苏联部长会议主席、苏联大元帅，是苏联执政时间最长（1924—1953）的最高领导人，在任期间，全力进行社会主义工业化和农业集体化，使苏联成为重工业和军事大国，但同时也导致了乌克兰大饥荒。斯大林树立对自己的个人崇拜，实施大清洗，并对车臣等少数族裔进行压迫流放，严重破坏了民主和法制。第二次世界大战中领导苏联红军，与盟军协力击败轴心国，苏联领土也有了很大的扩张。战后他扶植了社会主义阵营，在冷战中与以美国为首的北约对峙。1953年3月5日因脑溢血去世。2008年，俄罗斯国家电视台举行了一次"最伟大的俄罗斯人"的评选活动，斯大林高居第三（四至六位分别是普希金、彼得大帝、列宁），仅次于亚历山大·涅夫斯基和斯托雷平。

孙中山

　　孙中山，本名孙文，谱名德明，字载之，号日新，又号逸仙，幼名帝象。中国近代民主主义革命先驱，中华民国和中国国民党创始人，三民主义的倡导者。首举彻底反封建的旗帜，"起共和而终帝制"。1905年成立中国同盟会。1911年辛亥革命后被推举为中华民国临时大总统。1929年6月1日，根据其生前遗愿，陵墓永久迁葬于南京钟山中山陵。1940年，国民政府通令全国，尊称其为"中华民国国父"。他是一位在海峡两岸都受到敬重的革命家，中华民国尊其为国父，中国国民党尊其为总理，毛泽东和中国共产党称孙中山为"中国近代民主革命的伟大先行者"。

《共产党宣言》

　　《共产党宣言》是无产阶级革命导师马克思、恩格斯受"共产主义者同盟"1847年12月伦敦第二次代表大会的委托，于1847年11月—1848年1月间共同撰写的关于科学共产主义的第一个纲领性文献。它是国际共产主义运动的第一个纲领性文献，是一部划时代的光辉文献。《共产党宣言》以辩证唯物主义与历史唯物主义为理论基础，以阶级斗争为线索，解剖了资本主义制度，阐明了资本主义的发生、发展和必然灭亡的客观规律；阐明了无产阶级作为资本主义掘墓人和共产主义创建者的伟大历史使命；论证了无产阶级革命和无产阶级专政是无产阶级获得解放的唯一道路；批判了打着社会主义招牌的同科学共产主义相对立的各种流派的所谓理论；奠定了无产阶级政党的学说，并确立了党的战略、策略、原则。

《论十大关系》

1956年12月26日，《论十大关系》在《人民日报》公开发表。毛泽东《论十大关系》的讲话，初步总结了我国社会主义建设的经验，提出了探索适合我国国情的社会主义建设道路的任务。

《矛盾论》

《矛盾论》是毛泽东哲学代表著作，它是继《实践论》之后，为了克服存在于中国共产党内的严重的教条主义思想而写的。原是1937年7月—8月在延安抗日军事政治大学所讲的《辩证法唯物论》的第三章第一节。于1952年暂收入《毛泽东选集》第二卷，再版时移入第一卷。该书运用唯物辩证法总结了中国共产党领导中国革命斗争的实践经验，从两种宇宙观、矛盾的普遍性、矛盾的特殊性、主要矛盾和矛盾的主要方面、矛盾诸方面的同一性和斗争性、对抗在矛盾中的地位等方面，深刻地阐述了对立统一规律。

《新青年》

《新青年》是在20世纪20年代中国一份具有影响力的革命杂

志，在五四运动期间起到了重要作用。16开，每月1期，每6期为一卷。自1915年9月15日创刊号至1922年7月终刊共出版9卷54期。由陈独秀在上海创立，群益书社发行。由陈独秀、钱玄同、高一涵、胡适、李大钊、沈尹默以及鲁迅轮流编辑。自1918年后，该刊物改为同人刊物，不接受来稿。该杂志发起新文化运动，并且宣传倡导科学、民主和新文学。俄国十月革命后，《新青年》又成为宣传共产主义的刊物之一，后期成为中共早期的宣传刊物。

《中国社会各阶级的分析》

1925年毛泽东发表了《中国社会各阶级的分析》一文。他运用马克思主义的观点科学地分析了中国社会各阶级的经济地位和政治态度，辨明了中国革命的对象、领导力量、同盟军等中国革命的基本问题。他指出："谁是我们的敌人？谁是我们的朋友？这个问题是革命的首要问题。"一切勾结帝国主义的军阀、官僚、买办阶级、大地主阶级以及附属于他们的一部分反动知识分子，都是我们的敌人；中国工人无产阶级是革命的领导力量；农民是中国无产阶级最广大和最忠实的同盟军；民族资产阶级是一个动摇的阶级，在对待革命的问题上有两面性，其右翼可能是我们的敌人，其左翼可能是我们的朋友，无产阶级要时常提防他们扰乱革命的阵线。毛泽东的这篇文章，提出了关于中国新民主主义革命的基本思想。

《资本论》

　　《资本论》是马克思的著作，以唯物史观的基本思想为指导，通过深刻分析资本主义生产方式，揭示了资本主义社会发展的规律，同时也使唯物史观得到了科学的验证和进一步的丰富发展。《资本论》运用唯物史观的观点和方法，将社会关系归结为生产关系，将生产关系归结于生产力的高度，从而证明了社会形态的发展是一个不以人的意志为转移的自然历史过程。